MOEWIG
DOKUMENTATION

Zum Buch

Es gehört zum Wesen jedes Terrorregimes, sich ein Instrumentarium der Macht aufzubauen, das außerhalb der Legalität die politischen, wirtschaftlichen und ideologischen Ziele der Herrschenden durchsetzt, die Rechte der Bürger einschränkt, politische Gegner bespitzelt und ausschaltet. So geschah es auch im Dritten Reich – und zwar in einem Ausmaß, das für die, die es nicht miterlebt haben, heute fast unvorstellbar ist.

In erster Linie waren es Geheime Staatspolizei (Gestapo) und SS, die im Dritten Reich die Herrschaft des Schreckens, der Verfolgung und des Mordens ausübten – eine Herrschaft ohne Parallele in der Geschichte der Menschheit. Es begann damit, daß eine Handvoll Männer auf NSDAP-Versammlungen als Saalschutz (SS) und zum Schutz von Parteirednern eingesetzt wurden. Daraus entwickelte sich ab 1933 ein straff durchorganisierter, brutaler Polizeistaat, der willfährig und gnadenlos die Anordnungen seiner Anführer ausführte – bis hin zum Holocaust, der Vernichtung von Millionen von Menschen.

Der international renommierte Historiker Roger Manvell beschreibt in diesem Buch die Geschichte von Gestapo und SS, skizziert die Biographien ihrer Anführer und umreißt das Ausmaß des durch sie verursachten Grauens. Aus vielen historisch gesicherten Details ergibt sich so das Gesamtbild des dunkelsten Kapitels der deutschen Geschichte.

Roger Manvell

Die Herrschaft der Gestapo

MOEWIG

MOEWIG Band Nr. 4373
Verlag Arthur Moewig GmbH, Rastatt

Titel der Originalausgabe: SS and Gestapo: rule by terror,
erschienen im Verlag Pan/Ballantine, London/New York
Aus dem Amerikanischen von Wulf Bergner

Dieser Band ist bereits als Band 4319 bei Moewig erschienen
Umschlagentwurf und -gestaltung: Franz Wöllzenmüller, München
Umschlagillustration: Tom Rummonds
Verkaufspreis inkl. gesetzl. Mehrwertsteuer
Auslieferung in Österreich:
Pressegroßvertrieb Salzburg, Niederalm 300, A-5081 Anif
Printed in Germany 1988
Druck und Bindung: Elsnerdruck, Berlin
ISBN 3-8118-4373-7

Inhalt

Der Polizeistaat

Was bedeutet es, in einem Polizeistaat zu leben? Oder genauer gefragt: Was hat es bedeutet, in einem von den Bevollmächtigten und Kollaborateuren des Naziregimes in Deutschland verwalteten Polizeistaat zu leben?

Allen, die vielleicht im Augenblick unter ähnlichen Bedingungen leben, dürften die aktiven Symptome nur allzu vertraut sein. Wer die Regierungsmacht in Händen hält, bestimmt die gegenwärtige Politik des Staates und nimmt wenig oder gar keine Rücksicht auf die Wünsche der Mehrheit der Beherrschten. Die mit der Ausführung der nationalen Politik beauftragten hohen Beamten – die zugleich dafür zu sorgen haben, daß sie durch genaue Einhaltung der zahlreichen „von oben“ erlassenen Gesetze und Verordnungen, die der Öffentlichkeit nicht immer bekannt sind, strikt durchgesetzt wird – verdanken ihre Dienststellung nicht ihrer Bewährung im Staatsdienst, sondern der Tatsache, daß sie von den Herrschenden für zuverlässig gehalten werden.

Hinter den Reihen der gewöhnlichen Schutz- und Kriminalpolizei wird eine zweite, unter Umständen viel stärkere politische Geheimpolizei aufgebaut, die zur Erzwingung der neuen Gesetze dient und die Spitzel und Wachhunde der Bürokratie stellt. Gesetze und sonstige Einrichtungen des Strafvollzugs (wie Konzentrationslager für die Rehabilitation von „Rückfälligen“) beginnen sich mit Bürgern zu füllen, deren Loyalität dem Regime gegenüber als unzulänglich eingestuft worden ist. Dort sind die ohne Rechtsgrundlage und Gerichtsverfahren ihrer Freiheit Beraubten dann unter Umständen ständigen scharfen Verhören ausgesetzt, durch die man ihnen entreißen will, was sie möglicherweise über andere wissen, die in den Augen der Behörden den Widerstand verkörpern.

Aber das ist noch nicht das Ende der Geschichte. In einem Polizeistaat gibt es nichts, worauf man vertrauen könnte – es sei denn die Anwendung brutaler Gewalt oder die machiavellistische Fähigkeit der Herrschenden, an der Macht zu bleiben. Im Polizeistaat ist jeder Bürger, unabhängig von seiner Stellung, potentiell verdächtig, und von jedem existiert eine Geheimakte, in der Beweise dafür gesammelt werden, ob er dem Regime gegenüber loyal oder illoyal eingestellt ist. Nach irgendeiner plötzlichen, unerwarteten „Palastrevolution“ oder einem Machtwechsel auf Ministerebene kann der Vernehmungsbeamte von heute zum Häftling von morgen werden. Selbst in der Führungsspitze kommt es vor, daß jemand plötzlich verschwindet, während ein anderer, dessen Gesicht die Öffentlichkeit bisher kaum gekannt hat, den freigewordenen Platz einnimmt.

Für den Durchschnittsbürger bedeutet das Leben in einem Polizeistaat den Verlust der meisten, wenn nicht sogar aller Bürgerrechte. Es gibt keinen Schutz vor dem herrischen Klopfen an der Tür, dem staatlichen Terror durch willkürliche Verhaftungen oder dem Verschwinden einzelner, deren Angehörige und Freunde unter Umständen nie wieder von ihnen hören. Der gewöhnliche Bürger, der sich verständlicherweise Sorgen um seine Sicherheit und das Wohlergehen seiner Familie macht, lernt bald, Lippenbekenntnisse zum Regime abzulegen und sich aus Unannehmlichkeiten herauszuhalten. Er tut seine Arbeit, leistet seinen Wehrdienst, trägt die erwünschten Abzeichen, grüßt vorschriftsmäßig und hält den Mund über Dinge, von denen er weiß oder vermutet, daß sie außerhalb der Legalität passieren.

Während die Wirtschaft seines Landes durch einen Krieg oder die Vorbereitung darauf Einschränkungen unterliegt, lernt der kleine Mann, ohne die Konsumgüter auszukommen, die anderen, politisch privilegierteren Bürgern vielleicht noch immer zur Verfügung stehen. Er stellt seinen Volksempfänger an, der nur die – ebenso wie Zeitungen und Bücher – strikt zensierten und ideologisch indoktrinierten Sendungen des staatlichen Rundfunks ausstrahlt. Unter Umständen fragt er sich manchmal sogar, weshalb ihm das Abhören ausländischer Rundfunksender so streng verboten ist.

Falls er in seiner Frustration ein wenig schimpft, bezeichnet er seine Führer nur mit den Anfangsbuchstaben ihrer Namen und meckert nur halblaut. Er ist aus Erfahrung mißtrauisch gegenüber Fremden, mißtrauisch gegenüber seinen Freunden und sogar mißtrauisch gegenüber Familienangehörigen – vornehmlich aber der jüngeren Generation gegenüber, die in der Staatsjugend den Auftrag erhalten hat, ihre Eltern zu bespitzeln. Vor allem hütet er sich davor, etwas zu äußern, was als politisch verdächtig oder gar subversiv eingestuft werden könnte, und schreckt davor zurück, sich möglicherweise gefährliches Wissen anzueignen. Er ist stets der allerletzte, der erfährt, wer gerade verhaftet worden ist, oder der weiß, was angeblich in den Konzentrationslagern passiert. Für solche unangenehmen Dinge sind ausschließlich die Behörden zuständig. Trotzdem wird er zu einem ständigen, wenn auch widerwilligen Gerüchteempfänger: Da alle Nachrichten- oder Informationsmittel staatlich kontrolliert und verfälscht werden, stehen Gerüchte, Andeutungen und geflüsterte Warnungen zwangsläufig in voller Blüte.

Das Naziregime stellte eine außergewöhnliche, bösartige Form des Polizeistaats dar. Es verdankte seine Existenz einem außergewöhnlichen, bösartigen Diktator, der am 30. Januar 1933 in Deutschland an die Macht kam, indem er vom Reichspräsidenten von Hindenburg zum Reichskanzler ernannt wurde. Vor gut einem Dutzend Jahren noch hatte Adolf Hitler das Leben eines kleinen Hinterhofagitators geführt. Neun Jahre zuvor hatte er eine Haftstrafe verbüßt, zu der er nach dem fehlgeschlagenen Münchner Putschversuch vom 9. November 1923 verurteilt worden war. Nachdem er Reichskanzler geworden war, festigte er seine Position so rasch, daß er Deutschland innerhalb weniger Monate allein durch persönliche Erlasse regierte.

In den zwölf Jahren seiner Schreckensherrschaft begradigte und erweiterte Hitler die Grenzen des Deutschen Reiches in großem Maße, führte die Volksdeutschen „heim ins Reich“ und rüstete die neugeborene Nation auf, um sie innerhalb von sechs Jahren in einen Krieg zu führen. Eine Zeitlang herrschte er als Eroberer über ein Gebiet, das vom Polarkreis bis zur Mittelmeerküste und von den Vororten Moskaus und Leningrads bis zur Westküste Frankreichs und der Niederlande reichte. Im Jahre 1942 „besaß“ er Norwegen, Dänemark, die Niederlande, Belgien, Luxemburg, einen großen Teil Frankreichs, Jugoslawien, Griechenland, die Tschechoslowakei, Polen und weite Teile Rußlands und der Ukraine.

Für diese Eroberungen hatte er vier Jahre gebraucht – aber bereits drei Jahre später sollte er sich unter den Trümmern von Berlin versteckt halten und über kaum mehr als ein paar hundert Quadratmeter herrschen. Am 30. April 1945 verübte er Selbstmord, um den Konsequenzen seiner endgültigen Entmachtung zu entgehen. Hitlers Eingriff in die Weltgeschichte kostete über 50 Millionen Männer, Frauen und Kinder das Leben durch Schlachten, Flächenbombardierungen, Massenhinrichtungen, Hunger, Ausrottung und Mißhandlungen in Konzentrationslagern und Gefängnissen.

Für Hitlers Untaten gibt es in der Geschichte der Menschheit keine wirkliche Parallele. Er schuf die Voraussetzungen für seine Schreckensherrschaft durch den raschen Aufbau eines straff durchorganisierten, brutalen Polizeistaats. Hinter der offenkundigen Stärke der deutschen Wehrmacht und der deutschen Polizei standen die weit weniger bekannten und größtenteils „geheimen" Verbände der SS und ihrer Kollegen von der Gestapo, der politischen Polizei. Obwohl Teile der Hitlers Regime dienenden Wehrmacht auch Verbrechen verübten, die über die „üblichen" Schreckenstaten eines „legalen" totalen Krieges hinausgingen, wurden die Verbrechen gegen die Menschlichkeit in seinem Namen von diesen außergewöhnlichen Geheimverbänden verübt.

Dieses Buch soll die Geschichte dieser Geheimverbände schildern. Aus kleinsten Anfängen – einer Handvoll Männer, die auf NSDAP-Versammlungen als Saalschutz und zum Schutz von Parteirednern eingesetzt wurden – entwickelte sich die SS unter der Führerschaft Heinrich Himmlers, eines glühenden Nationalisten, der seinen allmählichen Aufstieg in der NS-Hierarchie seinem Talent für Hintertreppenintrigen verdankte, zu einem gewaltigen Machtfaktor.

Während andere, vor allem Hermann Göring und Joseph Goebbels, ihre zweifellos vorhandenen Talente im Rampenlicht spielen ließen, nahm Himmlers Macht mit dem stetigen Wachstum der SS zu, bis er der mächtigste der eng mit dem Führer zusammenarbeitenden Unterführer geworden war. Im Gegensatz zu den meisten anderen hatte Himmler nichts Zynisches an sich. Er wußte genau, woran er glaubte: an die rassische Überlegenheit der nordischen, „arischen" Völker und an die Errichtung der Weltherrschaft durch die germanische Herrenrasse.

Deshalb erhielten Himmler und bestimmte zuverlässige SS-Angehörige schließlich von Hitler den Geheimauftrag zur Durchführung der „Endlösung“, der Massenvernichtung der europäischen Juden – jenes beispiellosen Völkermordes, der ab Mitte des Zweiten Weltkrieges seinen Höhepunkt erreichte. Die SS und vor allem Himmlers Stellvertreter Reinhard Heydrich arbeiteten den Plan für einen systematischen Völkermord aus, dem innerhalb von drei Jahren über fünf Millionen Juden und ebenso viele Angehörige „unerwünschter“ europäischer Völkerschaften zum Opfer fielen: Slawen, Zigeuner und alle, die aus irgendwelchen Gründen Widerstand geleistet hatten.

Auf diese Weise spielte die SS eine höchst eigenartige Rolle innerhalb des nationalsozialistischen Herrschaftssystems. In der Öffentlichkeit stand sie vor dem Kriege in dem Ruf, eine Elite zu sein, was durch ihre tadellose schwarze Uniform mit silberfarbener Paspelierung noch unterstrichen wurde. Sie demonstrierte arische Rassenreinheit – oder sollte sie zumindest demonstrieren –, denn jeder SS-Angehörige mußte einen bis zum Jahre 1800 zurückreichenden „Ariernachweis“ erbringen (Führer und Führeranwärter bis 1750). Adlige und Intellektuelle setzten alle Hebel in Bewegung, um in die SS aufgenommen zu werden, und waren stolz auf ihren Rang als Ehrenführer und die elegante Uniform, die ihn bestätigte. Sie akzeptierten bereitwillig oder mit zynischem Humor das unechte „arische“ Ritual und folkloristische Zeremoniell, das Himmler eingeführt hatte – als habe er die Ritter der Tafelrunde zusammengerufen, anstatt eine Organisation aufzubauen, deren Hauptzweck letztlich die Ermordung von Mitmenschen sein sollte.

Bestimmte Details dieser grimmigen, außergewöhnlichen Geschichte sind auf eher düstere Weise sogar amüsant: Himmler, der sich eifrig bemüht, die für ein SS-Sportabzeichen vorgeschriebenen Leistungen zu schaffen, wobei seine schwachen Ergebnisse von seinen Adjutanten unauffällig aufgebessert werden; die ängstlich gewahrte „Rassenreinheit", wenn ein SS-Angehöriger heiraten wollte; oder die heidnischen Zeremonien, mit denen NS-Gedenktage begangen oder christliche Zeremonien bei Hochzeit, Geburt und Tod ersetzt wurden. Die Zynischeren lachten Himmler hinter seinem Rücken lediglich aus, bis der Tag kam, an dem sie eine seiner grimmigen Reden mitbekamen, die er im vertrauten Kreis von SS-Führern zu halten pflegte. Bei diesen Gelegenheiten sprach Himmler so offen wie sonst niemals von der Notwendigkeit, die Juden auszurotten und Gefangene bis zum Tode schuften zu lassen, um den deutschen Sieg zu fördern. Die meisten seiner Zuhörer konnten sich solche Reden mit kalter Gelassenheit anhören, weil es unwahrscheinlich war, daß sie eines Tages in die Lage kommen würden, selbst Blut vergießen zu müssen. Das blieb im Normalfall den unteren SS-Dienstgraden, den ausgebildeten Killern, den Angehörigen der sogenannten Einsatzgruppen oder den Sonderkommandos überlassen, die den Auftrag hatten, die von den Technikern des Völkermordes ausgearbeiteten Ausrottungsmethoden in die Tat umzusetzen.

Das Absurde, das Triviale, das Makabre und das Schreckliche sind Bestandteile der SS-Geschichte, die Millionen von Unschuldigen unsägliche Leiden gebracht hat. Der lächelnde Prominente auf einem Parteiempfang, der sich ein Stäubchen von seiner neuen schwarzen Uniform wischt, während er einen Schluck Schwarzmarkt-Cognac trinkt, steht an einem Ende des unheilvollen SS-Spektrums, während am anderen, der Öffentlichkeit verborgenen Ende eine terrorisierte Frau aufschreit, als ein Mann in der gleichen eleganten Uniform ihr ins Gesicht schlägt.

Himmler, der seinen randlosen Kneifer zurechtrückt, bevor er zu einem Vortrag das Wort ergreift, erhält höflichen Beifall, während zur gleichen Zeit Adolf Eichmann in einem verschwiegenen Büro die organisatorischen Vorbereitungen für den Transport weiterer 50000 Juden in die Todeslager trifft. Der berüchtigte Dr. Mengele (der ehemalige SS-Arzt, der sich noch immer auf freiem Fuß in Paraguay befindet) stand in der gleichen schwarzen Uniform auf dem Auschwitzer Bahnsteig und entschied mit einer kurzen Bewegung seiner Reitpeitsche, wer sofort in den Tod gehen und wer noch einige Wochen lang als Arbeitssklave der SS überleben „dürfen“ sollte.

Das alles – und noch mehr – gehörte zur Straffunktion der SS, sobald die Nationalsozialisten die gesamte Macht übernommen hatten. Und hinter ihr standen die eng mit der SS zusammenarbeitenden Männer und Frauen der Gestapo in Uniform oder Zivil, die den Auftrag hatten, die politische Sicherheit in Deutschland und später in den von Deutschen besetzten Ländern zu garantieren. Sie waren die Männer, die einen zu nachtschlafender Zeit abholten, die einen halbwach und erschrocken aus den Armen von Frau und Kindern rissen. Sie verstanden sich auf brutale Verhöre mit oder ohne ihre mittelalterlichen Foltergeräte, kannten aus Erfahrung die genauen Gesetze menschlicher Belastbarkeit und wußten, wie man jedes beliebige Geständnis am schnellsten erpressen konnte.

Noch besser als die SS beherrschte die Gestapo die melodramatischen Terrormethoden, die zur Aufrechterhaltung eines Polizeistaats unumgänglich nötig sind. Eine melodramatische Art der Terrorisierung ist ein psychologischer Faktor bei der Konditionierung derer, die überwacht, verfolgt und bestraft werden sollen. Bloße Ungewißheit ist ein weiterer Faktor: Wenn der einzelne monate- oder gar jahrelang nicht weiß, was ihm von Tag zu Tag oder Nacht zu Nacht zustoßen kann, wird selbst die Widerstandskraft der Stärksten auf die Dauer geschwächt.

Der immense Verwaltungsapparat, der hinter dieser willkürlichen Machtausübung stand, entwickelte sich zum größten Teil hinter dem Rücken der deutschen Öffentlichkeit. Die Deutschen sahen nur seine äußeren Erscheinungsformen – das Dickicht aus Verordnungen, Gesetzen und Erlassen, das sie schließlich immer mehr einengte. Hinter den Kulissen hatte an den Schreibtischen von Ministerien und Parteidienststellen auch eine Verschwörung der Bürokraten stattgefunden, die von Männern mit genialen Fähigkeiten beim Aufspüren und Vernichten letzter Freiräume auf dem Gebiet der Bürgerrechte und des zivilen Ungehorsams geleitet wurde. Insgesamt nahm die deutsche Öffentlichkeit diese Einschränkungen ohne Gegenwehr und mit einem fatalistischen Schulterzukken hin; sie betrachtete sie als unvermeidliche Tatsachen, gegen die man sich nicht auflehnte, weil das viel zu gefährlich gewesen wäre.

So sahen also in Deutschland und später im besetzten Europa die Lebensbedingungen aus, die 1933 einsetzten und zwölf Jahre lang anhielten, bis Hitlers endgültige Niederlage den Überlebenden die Freiheit wiedergab. Etwa zwei Drittel Europas waren dieser organisierten Form der Gewaltherrschaft unterworfen.

Das alles geschah in unserem Jahrhundert, und in der Bundesrepublik Deutschland finden weiterhin Gerichtsverfahren gegen die an den schlimmsten SS-Greueltaten Beteiligten statt. Wie konnte es zu dieser Tragödie in Europa kommen? Und wer waren die Männer, die sie planten?

Heinrich Himmler und die Anfänge der SS

Himmler wurde am 7. Oktober 1900 in München geboren. Sein Vater war ein angesehener Mann, gläubiger Katholik und Gymnasialprofessor, der einst Erzieher des Prinzen Heinrich von Bayern gewesen war, nach dem er seinen Sohn genannt hatte. Heinrich Himmler ging noch zur Schule, als der Erste Weltkrieg begann, war aber alt genug, um es bis Kriegsende im Jahre 1918 noch zum Fahnenjunker zu bringen. Seine schwache Gesundheit konnte ihn nicht davon abhalten, sich seinen Wunschtraum von einer Offizierslaufbahn zu erfüllen, während sein überschäumender Nationalismus sich in seiner Schulzeit während des Kriegs erst richtig entwickelt hatte.

Sobald der Krieg zu Ende und verloren war, mußte Himmler seinen Drang zur Uniform eine Zeitlang unterdrücken und studierte statt dessen Landwirtschaft. Verständlicherweise fühlte er sich zu der neugegründeten National-Sozialistischen Deutschen Arbeiterpartei (NSDAP) hingezogen, die als rechtsstehende nationalistische Bewegung seiner politischen Einstellung entsprach. Er trat ihr im Jahre 1923 bei – gerade rechtzeitig, um auf einem – noch existierenden – Photo zu erscheinen, das ihn mit einer Standarte in der Faust als Teilnehmer an Hitlers fehlgeschlagenem Münchner Putsch zeigt, der zur Folge hatte, daß der zukünftige Führer im Jahr darauf eine zehnmonatige Festungshaft in Landsberg am Lech verbüßte.

Ebenfalls für kurze Zeit inhaftiert wurde der Mann, dessen Fahne der junge Hitler getragen hatte: der berüchtigte Ernst Röhm, als „Stabschef" Führer der Sturmabteilungen (SA), die als Schlägertruppe der NSDAP hochmütig durch die Straßen marschierten und später die gesetzestreuen deutschen Bürger terrorisierten. Röhm gab seine Position als Führer der SA jedoch im Jahre 1925 auf, um als Militärberater nach Bolivien zu gehen.

Himmler erhielt einen untergeordneten Posten im Stab der Brüder Gregor und Otto Strasser, die die Interessen der Partei wahrnahmen, solange Hitler sich in Haft befand, und nach seiner vorzeitigen Entlassung eine Zeitlang scheinbar seine Konkurrenten im Kampf um die Führerschaft der Bewegung waren. Der damals 21jährige Diplom-Landwirt Himmler bezog ein bescheidenes Monatssalär von 120 Mark.

Hitlers intensive Kampagne, durch die er an die Macht zu gelangen hoffte, begann im Jahre 1925 nach seiner Entlassung aus der Festungshaft. Nachdem er am eigenen Leib gespürt hatte, daß illegale Methoden sich unter den gegebenen Umständen nicht lohnten, war er jetzt entschlossen, sich sogenannter legaler Mittel zu bedienen, indem er bei allen Wahlen kandidierte und nach Möglichkeit die Mehrheit zu erringen versuchte – im Reichstag wie in den Länderparlamenten. Die Parteifunktionäre waren keine politischen

Amateure mehr, und die NSDAP zog allmählich fähige Männer an.

Im Jahre 1926 wurde Dr. Joseph Goebbels, ein brillanter junger Agitator, der sich als Wahlkampfredner und Parteisprecher einen guten Namen gemacht hatte, nach Berlin entsandt, um die „rote" Reichshauptstadt zu „erobern", die eine Bastion der Linken war. Goebbels, ein kleiner, klumpfüßiger, scharfzüngiger Mann, der anmaßend unverschämt sein konnte, wenn es darum ging, die Staatsgewalt lächerlich zu machen, erwies sich in Berlin als ungewöhnlich erfolgreich und stieg bald zum Wahlkampfleiter der NSDAP für die zahlreichen Wahlen der kommenden Jahre auf. Im Jahre 1928 erzielte die Partei ihren ersten Erfolg, als sie zwölf Reichstagssitze errang. Zu den Gewählten gehörten Goebbels und Hermann Göring.

Himmler hatte im Jahre 1926 den ersten Schritt zum Aufstieg in der NS-Hierarchie getan: Er war zum stellvertretenden Reichsführer-SS ernannt worden, d.h. der Schutzstaffeln, die den Auftrag hatten, zu Kundgebungen der NSDAP aufzumarschieren und sofort zum Gegenangriff überzugehen, sobald Störer auftraten. Die Urform der SS war schon im Jahre 1922 vor dem Münchner Putsch entstanden; der damalige „Stoßtrupp Adolf Hitler" hatte jedoch nur als Leibwache Hitlers fungiert. Die im Jahre 1925 aufgestellte Schutzstaffel hatte im Jahr darauf von Hitler eine eigene „Blutfahne" für ihre im Jahre 1923 in München bewiesene Tapferkeit verliehen bekommen.

Himmlers mageres Gehalt hätte normalerweise

nicht für seinen Lebensunterhalt ausgereicht, und seine Parteiarbeit galt eine Zeitlang als Nebentätigkeit. Aber er kam mit wenig aus und heiratete am 3. Juli 1928 Margarete Boden, eine sieben Jahre ältere Krankenschwester aus Berlin. Das Ehepaar Himmler kaufte ein Grundstück in Waldtrudering bei München, auf dem es eine Hühnerfarm einrichtete, um die Himmler sich allerdings immer weniger kümmern konnte, weil seine Parteiarbeit ihn mehr und mehr in Anspruch nahm.

Am 6. Januar 1929 gelangte der damals erst 28jährige Himmler an die Spitze der gesamten SS. Er erhielt den großartig klingenden Titel Reichsführer-SS, den er bis zu seinem Lebensende führte und der ihn zum gefürchtetsten Mann in sämtlichen von den Deutschen besetzten Ländern Europas machen sollte.

Tatsächlich bildete die SS damals einen kaum 200 Mann starken Verband, der trotz seiner Sonderaufgaben der SA unterstellt blieb. Obwohl Himmler militärische Ambitionen hatte, war er im Grunde seines Wesens ein Schreibtischmensch. Er besaß nur beschränkte, aber unermüdlich eingesetzte Fähigkeiten, hatte eine Leidenschaft für administrative Details und war seit frühester Jugend krankhaft ehrgeizig. Seine schlechten Augen, sein schwacher Magen und sein magerer, kränkelnder Körper prädestinierten ihn keineswegs zu einem Mann der Tat; andererseits konnte Himmler nicht wie Goebbels Anspruch darauf erheben, ein Intellektueller zu sein. Er war vielmehr ein kleiner Bürokrat, der jedoch genügend

Durchsetzungsvermögen besaß, um sich durch seine oftmals bewiesene Treue, seinen glühenden Nationalismus, seinen Kampf um Reinrassigkeit und die Fähigkeit, sich für die Partei aufzuopfern, bis ganz nach oben emporzuarbeiten. Himmler war mit Leib und Seele Nationalsozialist; seine Einstellung war nie die eines zynischen Opportunisten wie Goebbels, sondern die eines stillen, geduldigen Fanatikers, der sich niemals in den Vordergrund drängt, aber stets bereitsteht, wenn er gebraucht wird.

Die Hauptdarsteller für Hitlers Drama begannen ihre Rollen zu üben. Zu den wichtigsten Persönlichkeiten vor 1930 gehörte jedoch nicht schon Himmler, der niemals als Redner zu glänzen verstand. Statt dessen war er eine machiavellistische Gestalt; seine Gedanken brachte er am besten in Denkschriften zum Ausdruck, aber seine Ohren reichten überallhin.

Schon Anfang der dreißiger Jahre sollte er in wichtigere Positionen aufsteigen. Zu den Männern mit Hauptrollen gehörte vor allem Gregor Strasser, Himmlers ursprünglicher Arbeitgeber, der jetzt die NSDAP in Norddeutschland führte: ein Mann mit eher sozialistischen Ideen, der eine Zeitlang als ernstzunehmender Rivale Hitlers im Kampf um die Führung der Gesamtpartei auftrat. An zweiter Stelle stand Hermann Göring, ein hochdekorierter Jagdflieger des Ersten Weltkrieges, der 1923 an Hitlers Münchner Putsch teilgenommen hatte und danach mit seiner schwedischen Frau außer Landes gegangen war. Er war damals schwer verletzt worden. Seine Morphiumsucht war auf die Mittel zurückzuführen, die er zur Schmerzbetäubung bekommen hatte. Göring war es nur unter Schwierigkeiten gelungen, sich wieder Hitlers Gunst zu erwerben, als er im Jahre 1928 aus Schweden zurückkehrte, wo er sich einer zunächst erfolgreichen Entziehungskur unterzogen hatte.

Der dritte Mann wurde etwas später Ernst Röhm, den Hitler aufforderte, aus Bolivien heimzukehren und wieder die Führung der SA zu übernehmen. Der bekannte Homosexuelle Röhm war gleichzeitig ein fähiger Kommandeur. Die immer zahlreicher werdenden Braunhemden, die bei kommenden Wahlen als Hitlers Stoßtrupps eingesetzt werden sollten, brauchten einen tatkräftigen, energischen Führer, der sie auf Saal- und Straßenschlachten vorbereitete. Nebenrollen in Hitlers politischem Drama spielten Männer wie Rudolf Heß, Hitlers Freund und Privatsekretär, dem er im Jahre 1924 während seiner Landsberger Festungshaft sein „prophetisches" Buch *Mein Kampf* diktiert hatte, Julius Streicher, ein erbitterter Judenhasser und Sammler pornographischer Darstellungen, die sein angebliches „Beweismaterial" für jüdische Verderbtheit waren, und der sogenannte Philosoph der Bewegung, Alfred Rosenberg, Verfasser von *„Der Mythos des 20. Jahrhunderts"* (1930), durch dessen Kopf unausgegorene Theorien von „arischer" Überlegenheit geisterten, die auf die im Deutschland des 19. Jahrhunderts weitverbreitete „sozial-darwinistische" Schule mit ihrer Auffassung von der Ungleichwertigkeit der Rassen zurückzuführen waren. Das Gedankengut Rosenbergs und seines Schülers R.

Walther Darré bildeten die „philosophische“ Grundlage für Himmlers Traum, mit der SS eine Elite heranzuziehen, die das rassische Ideal des mächtigsten Herrenvolkes der Welt verkörpern sollte.

Aber diese merkwürdige Ansammlung von Akteuren hätte nichts bewirken können, wenn Hitler sich nicht als ihr Leitstern erwiesen hätte: als die Sonne, um die sie wie Planeten kreisten. Von Januar 1925 bis Januar 1933 kam Hitlers Verschwörung, durch die er an die Macht zu gelangen versuchte, immer mehr in Schwung, und Ende Januar 1933 ergriff die vor kurzem mit unzulänglicher personeller Besetzung wiedergegründete und innerlich zerstrittene NSDAP die Macht, nachdem sie nur acht Jahre lang energisch für die Verwirklichung dieses Ziels gekämpft hatte.

Dazu konnte es nur kommen, weil ein einzigartig begabter Mann durch Umstände begünstigt worden war, die ihm einzigartige Vorteile verschafft hatten. In einer Gesellschaft, in der es von Ressentiments wegen des Ausgangs des Weltkrieges brodelte, stellten die Wahlkampfparolen der Nationalsozialisten ein Allheilmittel für die Leiden Deutschlands dar, das ihrer Darstellung nach verraten und hauptsächlich durch sich selbst besiegt worden war.

Arbeitslose und andere entwurzelte Männer fühlten sich von der Kameradschaft einer kämpferischen Gemeinschaft angezogen. Bei Straßenschlachten konnte man sich austoben, während Parteiversammlungen mit der gekünstelten Inbrunst eines emotionalen Kreuzzuges geleitet wurden. Diese Männer brauchten vor allem Prügelknaben, an denen sie ihre

Erbitterung auslassen konnten, und Hitler nannte sie ihnen – hier die Juden, dort die Kommunisten oder Sozialdemokraten. Er legte die offenkundigen Schwächen und Mängel der Weimarer Republik bloß, die sich abmühte, eine parlamentarische Demokratie zu werden, ohne ein geeintes Land hinter sich zu haben.

Die alten rechtsstehenden Nationalisten und die Militärcliquen spielten nach wie vor eine große Rolle in der deutschen Politik. Das Verhältniswahlrecht ohne Sperrklausel gab allen Parteien die Möglichkeit, Abgeordnete in die Länderparlamente und den Reichstag zu entsenden. Die durch diese Zersplitterung ebenfalls geschwächte Reichsregierung bot ein bequemes Ziel für Hitlers bösartige Angriffe. In seinen Reden wurde sie zu einem demütigenden Symbol für den Vertrag von Versailles, die schandbaren Reparationszahlungen, die deutsche Unterwürfigkeit den Siegermächten gegenüber, den „Dolchstoß" in den Rücken des bis 1918 „im Felde unbesiegten" deutschen Heeres und den Verlust des deutschen Kolonialbesitzes. In einer Nation von Männern, die in zahlreichen Privatarmeen für unterschiedlichste Ziele marschierten, fiel es der NSDAP nicht schwer, Wurzeln zu schlagen.

Für Hitler zählte lediglich eine Moralität: die Hingabe an seine Sache! Das hatte er bereits offen in *„Mein Kampf"* verkündet, in dem die Ziele des Nationalsozialismus in ungenießbarem Stil verkündet wurden, der teilweise dazu beitrug, seine wahren Absichten zu verschleiern.

Beispielsweise schrieb Hitler: „Die Majorität kann ... den Mann niemals ersetzen. Sie ist nicht nur immer eine Vertreterin der Dummheit, sondern auch der Feigheit. Und so wenig hundert Hohlköpfe einen Weisen ergeben, so wenig kommt aus hundert Feiglingen ein heldenhafter Entschluß ... Der Jude war ... auch kein Nomade, sondern immer nur Parasit im Körper anderer Völker. ... Was wir heute an menschlicher Kultur, an Ergebnissen von Kunst, Wissenschaft und Technik vor uns sehen, ist nahezu ausschließlich schöpferisches Produkt des Ariers. Gerade diese Tatsache aber läßt den nicht unbegründeten Rückschluß zu, daß er allein der Begründer höheren Menschentums überhaupt war, mithin den Urtyp dessen darstellt, was wir unter dem Worte Mensch verstehen. ...

Haltet das Reich nie für gesichert, wenn es nicht auf Jahrhunderte hinaus jedem Sprossen unseres Volkes sein eigenes Stück Grund und Boden zu geben vermag. Vergeßt nie, daß das heiligste Recht auf dieser Welt das Recht auf Erde ist, die man selbst bebauen will, und das heiligste Opfer das Blut, das man für diese Erde vergießt ... Der völkischen Weltanschauung muß es im völkischen Staat endlich gelingen, jenes edlere Zeitalter herbeizuführen, in dem die Menschen ihre Sorge nicht mehr in der Höherzüchtung von Hunden, Pferden und Katzen erblicken, sondern im Emporheben des Menschen selbst, ein Zeitalter, in dem der eine erkennend schweigend verzichtet, der andere freudig opfert und gibt. ...

Gerade unser deutsches Volk, das heute zusammengebrochen, den Fußtritten der anderen Welt preisgegeben, daliegt, braucht jene suggestive Kraft, die im Selbstvertrauen liegt. Dieses Selbstvertrauen aber muß schon von Kindheit an dem jungen Volksgenossen anerzogen werden. Seine gesamte Erziehung und Ausbildung muß darauf angelegt werden, ihm die Überzeugung zu geben, anderen unbedingt überlegen zu sein. . . . Der völkische Staat wird dafür sorgen müssen, durch eine passende Erziehung der Jugend dereinst das für die letzten und größten Entscheidungen auf diesem Erdball reife Geschlecht zu erhalten. Das Volk aber, das diesen Weg zuerst betritt, wird siegen."

Himmler nahm das alles begeistert in sich auf. Er träumte bereits davon, seine vorerst noch schwache SS zu einem Ritterorden nach dem Vorbild alter Sagen auszubauen. In den endlosen politischen Kämpfen, die schließlich dazu führten, daß Hitler Reichskanzler wurde, spielte Himmler keine ins Auge fallende Rolle, obwohl er seit 1930 als NSDAP-Abgeordneter im Reichstag saß. Er war mit dem Auf- und Ausbau seiner SS völlig ausgelastet: Aus den etwa 400 Mann im Jahre 1931 (zu denen noch etwa 1500 Teilzeit-SS-Angehörige kamen) waren im Jahre 1932 schon 30000 Mann und im nächsten Jahr über 50000 Mann geworden. Trotzdem blieb die SS nominell weiterhin ein Teil der SA und war wie sie auf das wachsende Heer der Arbeitslosen in Deutschland angewiesen.

Gemeinsam mit seinem Freund R. Walther Darré, ebenfalls Diplom-Landwirt, der später Hitlers

Reichsminister für Ernährung und Landwirtschaft wurde, arbeitete Himmler ein ungewöhnliches Heiratsgesetz für seine SS-Männer aus. Darré, der im Jahre 1933 das Buch *„Neuadel aus Blut und Boden"* veröffentlicht hatte, bekehrte Himmler zu seiner Blut-und-Boden-Ideologie.

„Wir wissen", hatte Darré ausgeführt, „daß fast alle großen Reiche der Weltgeschichte und die größten Kulturen von Menschen nordischen Blutes errichtet und erhalten worden sind. Wir wissen auch, daß diese großen Reiche und Kulturen zugrunde gegangen sind, wenn die Träger des nordischen Blutes, die sie einst geschaffen hatten, ihr Blut nicht rein hielten."

Dieser Blut- und Bodenmythos wurde durch die Doktrin von der Notwendigkeit einer gewissen Brutalität ergänzt. Der Niedergang jeder Kultur sei unaufhaltsam, hatte Darrés Lehrmeister Rosenberg geschrieben, sobald humanitäre Ideale das Recht der dominierenden Rasse beschnitten, die unterworfenen Völker zu beherrschen.

Im Jahre 1931 trat Darré in Himmlers damals noch kleinen Stab ein, um das Rasse- und Siedlungshauptamt der SS (RuSHA) aufzubauen. Dieses neue Amt sollte die rassischen Normen vorschreiben, die in Zukunft innerhalb der SS Gültigkeit haben würden, und das Verfahren für die Führung des „Ariernachweises" ausarbeiten. Dabei wurde der blonde dem dunkelhaarigen, der germanische dem slawischen oder südländischen Typ vorgezogen, was am 31. Dezember 1931 zur Verkündung des „Heiratsgesetzes des

Reichsführers-SS“ führte, dessen wichtigste Bestimmungen folgendermaßen lauteten:

„Jeder SS-Mann, der zu heiraten beabsichtigt, hat hierzu die Heiratsgenehmigung des Reichsführers-SS einzuholen.

SS-Angehörige, die bei Verweigerung der Heiratsgenehmigung trotzdem heiraten, werden aus der SS gestrichen; der Austritt wird ihnen freigestellt.

Die sachgemäße Bearbeitung der Heiratsgesuche ist Aufgabe des ‚Rasseamtes‘ der SS.

Das Rasseamt der SS führt das ‚Sippenbuch der SS‘, in das die Familien der SS-Angehörigen nach Erteilung der Heiratsgenehmigung oder Bejahung des Eintragungsgesuches eingetragen werden.“

Ab 1. Januar 1932 mußte jeder SS-Mann ein Sippenbuch besitzen und durfte erst heiraten, wenn sein Heiratsgesuch genehmigt worden war. Auf diese Weise führte Darrés Amt ein „Zuchtbuch“ für alle SS-Angehörigen, deren Ariernachweis bis zum Jahre 1750 zurückreichte. Ausführliche Fragebogen dienten dazu, diesen Nachweis zu führen, und je stärker die SS wurde, desto zahlreicher wurde das mit solchen Nachforschungen beauftragte Personal des Rasse- und Siedlungshauptamtes. Selbst während des Krieges, als Himmler genügend andere Sorgen hatte, nahm er sich noch die Zeit, die Ahnentafeln irgendwelcher SS-Angehöriger zu studieren. Sie waren für ihn zu einem Fetisch geworden.

Selbstverständlich waren diese Vorschriften Unsinn und wurden mehr übertreten als befolgt. Wenn die Braut eines SS-Angehörigen von ihm ein Kind erwartete, durfte er sie meistens auch heiraten. Und beim Ariernachweis bis ins 18. Jahrhundert zurück gab es reichlich Fälschungsmöglichkeiten. Die Widersinnigkeit des Heiratsgesetzes war nicht nur auf die scharfen Bestimmungen zur Durchsetzung rassischer Normen zurückzuführen, sondern basierte auch auf den Korruptionsmöglichkeiten in den Reihen der mit seiner Überwachung Beauftragten.

Himmler gegenüber mußte der Schein gewahrt bleiben, aber das Sippenbuch galt bald nur noch als schlechter Scherz. Trotzdem wurde das Dritte Reich aus dem Blickwinkel des Auslandes später mit den blonden, blauäugigen jungen Männern und den „Mädels“ mit weizenblonden Zöpfen und festen Brüsten identifiziert, die in damaligen deutschen Illustrierten und den von Goebbels gelenkten Wochenschauen zu sehen waren.

Himmler entsprach allerdings nicht gerade dem körperlichen Ideal, das er für andere aufgestellt hatte. Aber im Juni 1931 stellte er einen jungen Mann ein, der in jeder Beziehung seinen Anforderungen entsprach. Dieser neue Mitarbeiter war Reinhard Heydrich, ein verabschiedeter Oberleutnant zur See aus guter Familie, der gerade seinen Dienst hatte quittieren müssen, weil er die Tochter eines Marinebaurates, der mit Admiral Erich Raeder, dem Chef der Marineleitung, befreundet war, verführt und sitzengelassen hatte. Aber aus Himmlers Sicht kam Heydrich seinen Idealvorstellungen ziemlich nahe: Er war groß, sah gut aus und war hochintelligent. Heydrich brillierte als Geigenspieler, sprach mehrere Sprachen und tat sich als Fechter, Skiläufer und Pilot hervor. Außerdem stellte er seine Männlichkeit als unermüdlicher Schürzenjäger unter Beweis. Seine politische Einstellung war über jeden Zweifel erhaben, denn Heydrich war schon als 16jähriger in eines der rechtsstehenden deutschen Freikorps eingetreten, die in den schwierigen Nachkriegsjahren versuchten, ihre Vorstellung von Recht und Ordnung in Deutschland zu verwirklichen.

Der ehemalige Katholik fand sich bereitwillig mit Himmlers heidnischen Ritualen ab, obwohl er sie für völlig lächerlich hielt. Himmler ernannte ihn zum Leiter des neu aufzubauenden Nachrichtendienstes der SS, der anfangs als Referat Ic und später als Sicherheitsdienst (SD) bezeichnet wurde. Heydrich baute ihn rasch zu einem straff organisierten Spitzelsystem aus – zu einem Geheimdienst, der Unterlagen über alle Volksgenossen sammelte, die irgendwann interessant werden konnten. Er wurde Himmlers rechte Hand und fungierte mit seinem rücksichtslosen Durchsetzungsvermögen als Gegengewicht zu der chronischen Entschlußschwäche seines Chefs, wenn es um harte oder schwierige Entscheidungen ging.

Im Jahre 1932 war Himmler noch immer eine schemenhafte Gestalt. Außerhalb der SS und der Parteispitze kannte ihn kaum jemand wirklich. Obwohl Himmler niemals reich werden sollte, war er jetzt finanziell besser gestellt: Sein von der NSDAP gezahltes Gehalt war gestiegen, er bezog Diäten als Reichstagsabgeordneter – als der er auch freie Fahrt mit der Eisenbahn durch ganz Deutschland hatte –, und der kleine Besitz in Waldtrudering war ein Heim für seine Frau und seine kleine Tochter Gudrun, an der er sehr hing. Er stellte sich selbst als loyalen, pflichtbewußten Parteigenossen dar, der sich hinter seinem Kneifer und einem leicht unterwürfigen, aber trotzdem wissenden Lächeln verbarg.

Nur wenige sahen in ihm einen Mann, der zu Größerem bestimmt war – Himmler war lediglich der etwas zu bombastisch bezeichnete Reichsführer-SS, der Mann mit den komischen Vorstellungen von „Rassenreinheit", über die man im Kameradenkreis herzhaft lachen konnte. Er ließ keinen Ehrgeiz erkennen, in den engeren Kreis von Hitlers Vertrauten aufgenommen zu werden, in dem Göring und Goebbels stets miteinander konkurrierten, um sich möglichst großen Einfluß auf den „Führer" zu sichern. Wie die anderen Parteigenossen nahm er sein Reichstagsmandat nicht sonderlich ernst; sie nahmen ihre Sitze nur als Zwischenstation auf dem Wege zur Machtergreifung in diesem Staat ein. Himmler gab sich damals mit einer gewissen Selbstbeschränkung zufrieden: Ihm genügte es, als treuer, fleißiger Gefolgsmann Hitlers in Erscheinung zu treten. Er sah sich jedoch selbst als zukünftigen geistigen Führer, fast als Propheten – und die SS-Männer als seine Jünger.

Der Aufbau des Polizeistaats

Hitlers entscheidende Schritte zur Machtergreifung am 30. Januar 1933 sind sattsam bekannt: die gewaltsame Auseinandersetzung mit den deutschen Kommunisten, die Unterstützung durch bestimmte Großindustrielle sowie nach Arbeit und Brot verlangende Arbeitslose, brillant geführte Wahlfeldzüge, die sich in Stimmengewinnen niederschlugen, und die Zunahme der NSDAP-Wähler von 6 Mill. im Jahre 1930 (nachdem es im Jahre 1928 erst knapp eine Million gewesen waren) auf 13,7 Mill. im Juli 1932, als die Partei etwa ein Drittel aller abgegebener Stimmen auf sich vereinigen konnte. Durch verschiedene Winkelzüge wurde Reichspräsident Generalfeldmarschall Paul von Hindenburg dazu veranlaßt, im Januar 1933 dem ehemaligen Gefreiten das Amt des Reichskanzlers anzutragen, das Hitler, vor Triumph strahlend, an sich riß.

Bei all diesen Ereignissen hatte die SS keine selbständige Rolle gespielt, durch die sie sich etwa von der SA im ganzen unterschieden hätte. Offiziell war Himmler noch immer Röhm unterstellt, aber in Hitlers verschlungenen Gedankengängen spielte die Politik des „Teile und herrsche!“ stets eine wichtige Rolle, denn sie gab Sicherheit – oder schien sie zu geben. Die stark angewachsene SA – aus den rund

100 000 SA-Männern des Jahres 1930 waren 1933/34 etwa drei Millionen Braunhemden geworden – war damals unerläßlich, um der NSDAP eine breite Basis in der Wählerschaft zu sichern und den Kommunisten auf der Straße entgegentreten zu können. Dort wurden die Kommunisten (die bei den Wahlen des Jahres 1930 4,5 Millionen Stimmen erhalten hatten) ständig zu Straßenschlachten provoziert, um den rechtsstehenden Industriellen, die Hitler hauptsächlich finanzierten, zu beweisen, daß ein starker nationalistischer Führer gebraucht würde, um die Linke in die Schranken zu weisen und das ungestörte Wachstum der Großindustrie zu sichern. Schließlich sollte Deutschland ein „Bollwerk gegen den Kommunismus“ werden.

Aber Hitler wußte recht gut, welche Gefahr ihm von seiner eigenen SA drohte, die nur allzu leicht außer Kontrolle geraten konnte. Deshalb erinnerte er sich gern an die Existenz einer weiteren, besonders loyalen Truppe innerhalb der NS-Streitmacht; schließlich hatte er Himmler selbst den Befehl gegeben, die SS als Elite mit eigenem Korpsgeist aufzubauen. Solange die SS eine schwächere, auf den Einsatz bei Versammlungen und Kundgebungen spezialisierte Einheit blieb, taugte sie nur wenig für Strafexpeditionen gegen aufsässige Sturmabteilungen. Der erste Disziplinierungseinsatz der SS gegen rebellierende SA hatte 1930/31 auf ausdrücklichen Befehl Hitlers in Berlin stattgefunden.

Nachdem Röhm jedoch im Jahre 1931 an die Spitze der SA zurückgekehrt war, hatte er seine

Freundschaft (falls das der richtige Ausdruck war) mit Himmler erneuert und arbeitete bis 1933 einträchtig mit ihm zusammen. Aber Röhm sollte nur verhältnismäßig kurze Zeit an der Macht bleiben: Kaum drei Jahre nach seiner Rückkehr aus Bolivien war er tot – auf Hitlers Befehl erschossen. Inzwischen konnte die labile Weimarer Republik die paramilitärischen Aufmärsche und die Straßenkämpfe nicht länger ertragen, so daß SA und SS am 13. April 1932 durch Dekret der Regierung Brüning offiziell aufgelöst wurden. Diese Anordnung hatte jedoch nur bis 14. Juni 1932 Bestand und wurde durch den neuen Reichskanzler Franz von Papen, den Nachfolger Dr. Brünings, aufgehoben.

Himmler wollte verhindern, daß die SS sich wie die SA zu einer Horde von Rabauken entwickelte, deren Terrorismus die Unterstützung Hitlers durch die Industrie gefährdete. Deshalb hatte er um so mehr Grund, eine Sonderausbildung und eine strenge Disziplinarordnung für die SS und den Heydrich unterstehenden SD einzuführen, dessen wachsende Zahl von Dossiers dem Reichsführer-SS die Möglichkeit gab, gefährliche Männer überraschend mit ihren Missetaten und Versäumnissen zu konfrontieren.

Heydrichs Tätigkeit war das erste Element der SS-Organisation, das den zukünftigen Polizeistaat vorausahnen ließ. Andererseits wurde die SS bereits dafür eingesetzt, den Nazis gesellschaftliches Prestige zu erringen. Schon vor 1933 wurde Adligen und pensionierten Generalen der Dienstgrad eines SS-Ehrenführers angetragen. Einige Namen wurden nach dem

Krieg bei den Kriegsverbrecherprozessen vor dem Internationalen Militärtribunal in Nürnberg genannt, darunter beispielsweise der Erbprinz zu Waldeck und Pyrmont, der Erbgroßherzog von Mecklenburg und General Graf von der Schulenburg.

Himmler und Heydrich standen wie alle übrigen NS-Größen einsatzbereit, als Hitler am 30. Januar 1933 zum Reichskanzler ernannt wurde. Es wäre ein Irrtum, annehmen zu wollen, die NSDAP sei bereits durch diese eine Ernennung an die Macht gekommen – sie war vielmehr nur ein erster Schritt auf dem Weg zur Machtergreifung. Vor und hinter den Kulissen war noch viel Schwerarbeit – hauptsächlich unter Zeitdruck – erforderlich, bis das am 23. März 1933 vom Reichstag verabschiedete Ermächtigungsgesetz Hitler die von ihm angestrebten diktatorischen Vollmachten gewährte. Die NSDAP stellte zwar die stärkste Reichstagsfraktion, aber sie verfügte nicht über die absolute Mehrheit. Die Machtergreifung konnte nur durch koordinierte Sofortmaßnahmen gesichert werden, deren Durchführung eine strategische Meisterleistung war, wobei allerdings Göring und noch nicht Himmler die Hauptrolle spielte.

Die Ämterverteilung in der Reichsregierung schien die Nationalsozialisten zu benachteiligen. Das Ergebnis der Verhandlungen mit Reichspräsident von Hindenburg und den Führern der Koalitionspartner war ein Kabinett, das nur zu einem Viertel aus Hitlers Gefolgsleuten bestand – aus drei Nazis und neun konservativen Politikern. Vizekanzler Franz von Papen glaubte, das genüge, um Hitler im Zaum zu halten, und akzeptierte Göring als Innenminister des Landes Preußen, in dem er, Papen, selbst als Reichskommissar fungierte.

Görings Amt verschaffte den Nationalsozialisten die Kontrolle über die preußische Polizei – und Preußen war das bei weitem größte deutsche Land, auf dessen Gebiet die Reichshauptstadt Berlin und wichtige Industriezentren lagen. Als erstes löste Göring als Reichstagspräsident am Tag nach Hitlers Ernennung den Reichstag auf, weil keine Aussicht auf eine Einigung zwischen der NSDAP und dem katholischen Zentrum bestand. Die Neuwahlen sollten am 5. März 1933 – in fünf Wochen – stattfinden. Goebbels nahm sich als Wahlkampfleiter vor, „ein Meisterstück der Agitation (zu) liefern", um der NSDAP die absolute Mehrheit zu sichern. Wie wir noch sehen werden, schlug dieser Versuch jedoch fehl.

Göring konzentrierte sich jetzt auf den entscheidenden Wahlkampf und die Anfänge des Aufbaus eines Polizeistaats in Preußen, dessen Landtag am 4. Februar 1933 ebenfalls aufgelöst wurde. In seinem speziell für englische Leser geschriebenen kleinen Buch *„Germany Reborn"* (deutsch: „Aufbau einer Nation", Berlin 1934) führte Göring schon im Jahr darauf aus: „Vor allem erschien es mir am wichtigsten, die Waffe der Polizei fest in die eigene Hand zu bekommen. Hier habe ich die ersten durchgreifenden Veränderungen vorgenommen. Von 32 Polizeipräsidenten habe ich 22 abgesetzt. Im Laufe des nächsten Monats sind ihnen Hunderte von Inspektoren und Tausende von Polizeiwachtmeistern gefolgt. Neue

Männer wurden eingesetzt, und diese Männer stammten ausnahmslos aus dem großen Reservoir der Sturmabteilungen und der Schutzstaffel.“ „Göring mistet den Augiasstall aus“, hielt Goebbels in seinem privaten Tagebuch, in dem er die Ereignisse dieser großen Zeit aufzeichnete, befriedigt fest.

Zu den Merkwürdigkeiten der NS-Geschichte gehört es, daß Göring, nicht Himmler, die erste politische Polizei der Nazis, die Keimzelle der Gestapo, aufstellte und die ersten offiziellen Konzentrationslager der Nazis einrichtete. Unabhängig von Himmler stellte er den Berliner SS-Gruppenführer Kurt Daluege (der früher Ingenieur bei der Berliner Müllabfuhr gewesen war, aber jetzt zum Generalleutnant der Polizei aufstieg) an die Spitze der preußischen Ordnungspolizei und übertrug Dr. Rudolf Diels, der später Ilse Göring, die Witwe von Görings jüngerem Bruder Karl, heiratete, die Leitung der Abteilung I A im Berliner Polizeipräsidium, aus der die Gestapo hervorgehen sollte. Dabei kam ihm zustatten, daß die Abteilung I A schon in der Weimarer Republik als eine Art politische Polizei fungiert hatte, um den Staat in den Wirren der Nachkriegszeit vor rechten und linken Extremisten zu schützen. Die meisten ihrer Mitarbeiter, darunter auch Diels, der Oberregierungsrat in der politischen Polizeigruppe des preußischen Innenministeriums gewesen war, erwiesen sich als hervorragend geeignet für die von Göring gestellten Aufgaben.

Die Mehrzahl der deutschen Polizeibeamten war bereit, für die Nazis zu arbeiten: Sie hatten keine

Hoßbach, Führer der Münchner SA, mit seinen Männern vor dem mißlungenen Putschversuch von 1923

Himmler mit einer Standarte in der Faust als Teilnehmer an Hitlers fehlgeschlagenem Münchner Putsch 1923

SA-Männer 1929 bei einem Propaganda-Zug

Hitler mit seinen „Kampfgefährten“ in der Nacht vor der Machtübernahme, 30.1.1933; von rechts nach links: Heß, Himmler, Darré, Göring, Röhm, Hitler, Goebbels, Frick

Der Reichstagsbrand am 27.2.1933 war willkommener Anlaß zu Massenverhaftungen von Regime-Gegnern

Ein Hilfspolizist 1933 bei der Verhaftung von Kommunisten

Anwesenheitsappell politischer Gefangener im Konzentrationslager Sachsenhausen, August 1933

Lust, ihre Stellung zu verlieren und sich in das Heer der Arbeitslosen einzureihen. Dann bewaffnete Göring im Namen der Staatssicherheit und zur Abwehr eines hauptsächlich von ihm selbst erfundenen Notstandes (ein typischer Nazitrick!) seine reguläre Polizei und verstärkte sie am 22. Februar 1933 durch eine Hilfspolizei aus einigen tausend SA-, SS- und Stahlhelm-Männern.

„Ihr müßt euch klarmachen, wenn ihr schießt, so schieße ich!" stellte Göring fest. Die Hilfspolizisten bekamen drei Mark pro Tag und einen Freifahrschein. Ansonsten lebten sie von Plünderungen.

Der Reichstagsbrand, dieser flammende Beweis für einen Notstand, der am Abend des 27. Februar 1933 auf so geheimnisvolle Weise aufloderte, war möglicherweise von den Nationalsozialisten selbst gelegt worden. Da schlüssige Beweise für ihre Täterschaft fehlen, ist die Diskussion darüber noch immer nicht abgeschlossen. Hitler und Göring zögerten jedenfalls keinen Augenblick, als das Reichstagsgebäude in Flammen stand. Sie behaupteten, dies sei ein kommunistischer Umsturzversuch, und setzten die bewaffnete Polizei sowie die aus SA- und SS-Männern bestehende Hilfspolizei auf die Kommunisten an – vor allem auf die ehemaligen kommunistischen Reichstagsabgeordneten.

Das Ganze war eine wunderbare Gelegenheit, ihre Konkurrenten wenige Tage vor den am 5. März stattfindenden Wahlen auszuschalten. Insgesamt wurden allein in Berlin etwa 5000 Menschen verhaftet. Außerdem wurden ständig Wahlversammlungen der Sozialdemokraten und des Zentrums „gesprengt“, und allein im Februar wurden über 50 Hitler-Gegner ermordet. Am 28. Februar brachte Hitler Hindenburg dazu, eine „Notverordnung zum Schutze von Volk und Staat“ zu unterzeichnen, in der angeordnet wurde: „Es sind daher Beschränkungen der persönlichen Freiheit, des Rechts der freien Meinungsäußerung, einschließlich der Pressefreiheit, des Vereins- und Versammlungsrechtes, Eingriffe in das Brief-, Post-, Telegrafen- und Fernsprechgeheimnis, Anordnungen von Haussuchungen und von Beschlagnahme sowie Beschränkungen des Eigentums auch außerhalb der sonst hierfür bestimmten gesetzlichen Grenzen zulässig.“

Als am 5. März 1933 die letzten sogenannten „freien“ Wahlen zum Reichstag stattfanden, errang die NSDAP trotz ihrer systematischen Einschüchterungsversuche der Wählerschaft nur 44% der abgegebenen Stimmen und verfehlte dadurch die absolute Mehrheit, die Hitler theoretisch benötigte. Aber das spielte inzwischen praktisch keine Rolle mehr, nachdem die kommunistischen Abgeordneten ausgeschaltet waren. Das berüchtigte Ermächtigungsgesetz, das „Gesetz zur Behebung der Not von Volk und Reich“, wurde am 23. März mit 441 gegen 84 Stimmen verabschiedet; nur die Sozialdemokraten waren noch übrig, um dagegen zu stimmen. Durch dieses Gesetz erhielt Hitler das Recht, durch Notverordnungen zu regieren. Die Diktatur hatte begonnen!

Im März 1933 richtete Göring in Preußen die ersten Konzentrationslager der braunen Machthaber ein. Er behauptete gern, er habe die Idee solcher Lager von England übernommen, dessen Truppen im Burenkrieg in Südafrika erstmals Konzentrationslager eingerichtet hätten. Außerdem behauptete er, diese Konzentrationslager dienten in Wirklichkeit der politischen Umerziehung und dort etwa vorkommende Brutalitäten geschähen völlig gegen seinen Willen.

Im Jahre 1946 sagte Göring in Nürnberg aus: „Ich habe natürlich befohlen, daß solche Dinge nicht passieren dürften. Daß sie vorgekommen sind, daß sie überall in größerem oder kleinerem Ausmaß passiert sind, habe ich soeben festgestellt. Ich habe immer wieder betont, daß diese Dinge nicht passieren dürften, weil es mir darauf ankam, einige dieser Leute auf unsere Seite herüberzuziehen und umzuerziehen."

Er gab sogar zu, von der Existenz weiterer Lager, die in der Anfangszeit von anderen Nazigrößen in der Provinz errichtet wurden, gewußt zu haben. Angeblich sollte es dort zu den eigentlichen Grausamkeiten gekommen sein. Göring sagte aus, er habe diese Lager schließen lassen, sobald er von ihrem Vorhandensein erfahren habe.

Am 26. April quartierte Göring Diels' Apparat in eine geräumte Kunstgewerbeschule in der Berliner Prinz-Albrecht-Straße 8 um – eine Adresse, die später als Nazigefängnis für politische Häftlinge und Verhör- und Folterzentrale berüchtigt werden sollte. Im Juni 1930 erhielt das Amt offiziell die Bezeichnung „Geheime Staatspolizei", abgekürzt „Gestapo". Wie Himmler sah Göring sich damals als zukünftigen Chef einer reichseinheitlichen Geheimpolizei und verbarg keineswegs, daß er erweiterte Vollmachten anstrebte, um seine Gegner einsperren lassen zu können.

Einstweilen mußte Himmler, dem der Weg zu der von ihm angestrebten Machtposition vorerst verbaut war, vor Görings brutaler Energie und der selbständigen Polizei, die Daluege und Diels in Preußen leiteten, zurückweichen. Hitler hatte ihn zum Münchner Polizeipräsidenten ernennen lassen – ein untergeordneter Posten, der sich jedoch ausbauen ließ. Mit Hilfe von Heydrichs Dossiers säuberte Himmler die ihm unterstellte Polizei rasch nach dem von Göring gegebenen Vorbild. In München existierte – wie in der Reichshauptstadt – bereits eine politische Polizei, deren Beamte größtenteils bereit waren, den neuen Herren zu dienen. Einer von ihnen war Heinrich Müller, der spätere Gestapochef.

Zwischen April 1933 und April 1934, als Himmler endlich an die Spitze der deutschen politischen Polizei gelangte, verstand er es, seine eigenen Interessen zu fördern, indem er sich von Hitler die Kontrolle über immer mehr politische Polizeien übertragen ließ – mit Ausnahme von Görings preußischer Polizei. Im April 1933 begann er mit Bayern, im Oktober folgte Hamburg, und im Dezember waren Mecklenburg, Lübeck, Württemberg, Baden, Hessen, Thüringen und Anhalt an der Reihe. Im Januar 1934 übernahm Himmler die politische Polizei in Oldenburg, Bremen und Sachsen.

Am 22. März 1933 hatte Himmler auch ein eigenes „Muster-Konzentrationslager“ in Dachau bei München eröffnet. Der gefürchtete Schutzhaftbefehl zur Einweisung in ein Konzentrationslager konnte beispielsweise lauten: „Gemäß Artikel I der Verordnung des Reichspräsidenten zum Schutz von Volk und Staat vom 28. Februar 1933 werden Sie zur Wahrung der öffentlichen Sicherheit und Ordnung in Schutzhaft genommen. Begründung: Dringender Verdacht staatsfeindlicher Umtriebe."

In seiner pedantischen Art verfaßte Himmler eine ausführliche Disziplinar- und Strafordnung für Konzentrationslager, in der er bereits von der heimtückischen Form der Terrorisierung, der bewußten Verbreitung angsterzeugender Gerüchte, Gebrauch machte. So verfügte er zum Beispiel, die Einweisung in ein Konzentrationslager sei nicht zeitlich zu begrenzen, sondern habe offiziell „bis auf weiteres" zu erfolgen. Und er drohte rebellischen Häftlingen drakonische Strafen an: § 11. „Wer im Lager, an der Arbeitsstelle, in den Unterkünften, in Küchen und Werkstätten, Aborten und Ruheplätzen zum Zwecke der *Aufwiegelung* politisiert, aufreizende Reden hält, sich mit anderen zu diesem Zweck zusammenfindet, Cliquen bildet oder sich umhertreibt, wahre oder unwahre Nachrichten zum Zwecke der gegnerischen Greuelpropaganda über das Konzentrationslager oder dessen Einrichtungen sammelt, empfängt, vergräbt, weitererzählt, an fremde Besucher oder an andere weitergibt . . ., wird kraft revolutionären Rechts *als Aufwiegler aufgehängt.*"

Mit der Verabschiedung von Hitlers Ermächtigungsgesetz am 23. März 1933 begann die erste Phase der braunen Gewaltherrschaft. Aber es kam damals zu Auseinandersetzungen in den Reihen der Nationalsozialisten – auch zu Schwierigkeiten wegen rivalisierender Konzentrationslager, von denen Göring in Nürnberg sprach. Vor allem forderte nun jedoch die SA, Röhms ungebärdige Horde arbeitsloser Braunhemden, ihren Lohn und die Möglichkeit, sich an ihren Gegnern zu rächen, da Hitler jetzt an der Macht war. Die SA stellte eine ernste Gefahr für Hitlers Autorität dar, denn als Reichskanzler mußte er Wert darauf legen, das Vertrauen der wichtigsten Generale, Bankiers und Industriellen zu gewinnen. Mit anderen Worten: Die Schlägertrupps von der Straße, deren Unterstützung er zur Machtergreifung gebraucht hatte, mußten jetzt zur Ordnung gerufen und notfalls aufgelöst werden.

Der von Natur aus unbeständige Göring, der nie ganz frei vom Einfluß seiner Drogen war, konnte gelegentlich träge und im nächsten Augenblick sehr energisch sein. Sobald Hitlers Position gesichert zu sein schien, wandte er sich ruhelos zahlreichen anderen Aufgaben zu und interessierte sich vor allem für die künftig aufzustellende Luftwaffe. Zur Selbstbestätigung sollte Göring sich später als geradezu krankhafter Ämtersammler erweisen. Seine gerühmte Jovialität und sein Drang nach Popularität mochten ihn gewarnt haben, daß der Mann an der Spitze der politischen Geheimpolizei unmöglich beliebt sein konnte.

Hitler brauchte ihm nicht lange gut zuzureden, damit er dieses unangenehme Amt an den Mann abtrat, der Hitler zusetzte, die deutsche politische Polizei unter seiner Führung zu vereinigen: unter der des Reichsführer-SS Heinrich Himmler.

„Als der Führer mich dazu aufforderte und sagte, das sei die korrekte Art und es habe sich als notwendig erwiesen, die Bekämpfung von Staatsfeinden reichseinheitlich durchzuführen, habe ich Himmler tatsächlich die Polizei übergeben", sagte Göring in Nürnberg als Zeuge aus. Am 20. April 1934 übernahmen Himmler und sein Stellvertreter Heydrich die preußische Gestapo. Aber Himmler wurde erst am 17. Juni 1936 von Hitler formell zum Chef der deutschen Polizei ernannt und trug nun den als RfSS u. Ch. d. d. Pol. im R.M.d.I. abgekürzten bombastischen Titel „Reichsführer-SS und Chef der deutschen Polizei im Reichsministerium des Inneren".

Göring hatte jedoch noch einen weiteren zwingenden Grund, sich mit diesem ernsthaften Konkurrenten auszusöhnen und ihn zu seinem Verbündeten zu machen. Röhm, der gefährliche und unruhige SA-Stabschef, war am 1. Dezember 1933 in das Kabinett Hitler aufgenommen worden. Es entsprach Hitlers mißtrauischem Wesen und seinem intuitiven Selbsterhaltungstrieb, seine Mitarbeiter durch willkürliche Auszeichnungen dieser Art zu verunsichern. Unerwartet und selbstherrlich ausgesprochene Beförderungen wirkten als psychologischer Schock auf Männer, die sich – wie Göring es stets tat – für Hitlers Günstlinge hielten. Göring bezeichnete sich als Hitlers „Paladin" und machte sich Hoffnungen, eines Tages sein Nachfolger werden zu können. Deshalb tauschte er seine preußische Gestapo gegen ein stabiles Bündnis mit einem emporstrebenden Mann ein, der seine Aufgaben so ernst nahm und offenbar in Hitlers Gunst stand.

Der nächste Punkt des ungeschriebenen Programms war die Beseitigung Röhms, dessen SA mit ihren mittlerweile rd. drei Millionen Mitgliedern eine riesige und geradezu bedrohliche Privatarmee war. Erleichtert wurde dieses Vorhaben jetzt durch Himmlers schlagkräftige SS und Heydrichs Geheimdossiers über Röhm und seine homosexuellen Freunde. Himmler, der sein Hauptquartier inzwischen nach Berlin verlegt hatte, machte sich gemeinsam mit Göring daran, Hitler in seinem Sinne zu beeinflussen.

Aber der Führer, der seinen Triumph noch immer genoß, bewies eine eher konservative Haltung. Er hatte nicht die Absicht, die schmutzige Wäsche der NSDAP vor den Augen des nach wie vor einflußreichen „Establishments“ in Deutschland zu waschen. Statt dessen schmiedete er eifrig Pläne für die weitere Konsolidierung seiner Macht. Hindenburg war nach wie vor Reichspräsident, aber er war alt und hinfällig, so daß Hitler mit dem Gedanken spielte, sein Nachfolger zu werden, sobald Hindenburg eines natürlichen Todes gestorben war. Röhm grub sich jedoch sein eigenes Grab, indem er im Kabinett vorschlug, SA und Reichswehr zu verschmelzen – mit ihm als Oberbefehlshaber, wie er dabei andeutete. Hitler wußte natürlich auch, daß das gefährliches und dummes Gerede war.

Der einzige Machtfaktor, den Hitler noch nicht unter seine Kontrolle gebracht hatte, war die Reichswehr. Ihr Oberkommando dachte national und stand rechts, aber es gab natürlich viele Generale, die sich über den österreichischen Gefreiten mokierten, der als Politiker an die Macht gekommen war. Wie die Großindustriellen hatten sie diesen ungeschliffenen, unberechenbaren Mann nur geduldet, weil er so energisch gegen den gemeinsamen Feind auftrat – den starken kommunistischen Block. Sie hatten – wie der Reichspräsident und die konservativen Politiker – geglaubt, ihn für ihre Zwecke ausnützen zu können.

Der Menschenkenner Hitler spielte den achtbaren Konservativen, um eine Einigung mit der Reichswehr herbeizuführen. Die Politiker konnte er inzwischen ignorieren, aber auf die Industriellen und die Generale war er vorerst noch angewiesen. Bei Gesprächen auf Führungsebene setzten die Nationalsozialisten sich stets für Ordnung, Disziplin und Fortschritt im staatlichen Bereich ein. In Verlegenheit gebracht wurde Hitler lediglich noch durch die Braunhemden, die aus Langeweile die Straßen unsicher machten und das konservative Bürgertum erschreckten, dessen moralische Unterstützung Hitler jetzt mehr denn je benötigte – nicht nur in Deutschland, sondern in der gesamten westlichen Welt, vor allem in England, Frankreich und jenem fernen Land, von dem er so wenig wußte, den Vereinigten Staaten. Als Sir John Simon und Anthony Eden im Februar 1934 zu einem offiziellen Besuch nach Deutschland kamen, fanden sie Hitler ruhig und umgänglich vor: Er erklärte sich sogar bereit, zwei Drittel seiner SA zu demobilisieren.

Mit einer charakteristisch abrupten Geste gab Hitler dem Drängen seiner Berater nach und entschloß sich zur Entmachtung Röhms und der SA. Heydrichs SD-Akten lieferten Beweismaterial gegen den Stabschef und einige hundert SA-Führer, denen man Treulosigkeit und Verrat vorwerfen zu können glaubte. Der SD wurde jetzt von Hitler als amtlicher NSDAP-Nachrichtendienst anerkannt, dem keine Informationen vorenthalten werden durften. Die Braunhemden erhielten einen Monat Zwangsurlaub zudiktiert, und Röhm zog sich mit seinen Jünglingen nach Bayern zurück, um Krankenurlaub zu machen. Himmler, der natürlich ahnte, was kommen würde, machte eine Rundreise zu den wichtigsten SS-Abschnitten, um sie erneut auf Hitler zu verpflichten. Dadurch bereitete er den Boden für den Ende Juni 1934 kursierenden Geheimbericht, aus dem hervorging, daß Röhm und viele andere einen Staatsstreich planten.

Der Schlag wurde im Morgengrauen des 30. Juni 1934 geführt – von der SS mit Hitler an ihrer Spitze. Der Führer flog nachts nach München und fuhr an der Spitze einer Wagenkolonne nach Bad Wiessee, wo Röhm noch in seinem Hotelbett schlief. Er wurde aus dem Schlaf gerissen, in einen Wagen geschleppt und nach München zurückgebracht. Der wütende und wegen dieser Konfrontation verlegene Hitler überließ das schmutzige Geschäft der Vernehmung und Hinrichtung seinen Schergen, zwischen denen es jedoch zu Kompetenzstreitigkeiten kam. Röhm wurde erst am 2. Juli in München erschossen, nachdem in Berlin das große „Aufräumen“ schon stattgefunden hatte.

Dort hatten Göring und Himmler gemeinsam die Abrechnung mit den Gegenspielern Hitlers übernommen. Von überall her wurden Verhaftete zu Görings Wohnung gebracht; ihre Namen wurden mit denen auf einer für Heydrich getippten langen Liste verglichen. Falls die Identität übereinstimmte, wurden die Betreffenden nach draußen gebracht und erschossen. So wurde die ganze Nacht lang abgehakt und erschossen, bis Göring das Morden einstellen ließ.

Zu den Hunderten von Opfern in Berlin und anderswo gehörten auch der ehemalige Reichskanzler General von Schleicher und seine Frau. Franz von Papen, der unerwünschte Vizekanzler, kam nur mit dem Leben davon, weil Göring sich für ihn verwendete. Schließlich hätte die Ermordung des zweiten Mannes nach Hitler keinen guten Eindruck gemacht.

Um zu beweisen, daß alles wieder in Ordnung sei, gab Hitler am 1. Juli 1934 eine Teegesellschaft im Garten der Reichskanzlei. Göring sorgte dafür, daß Hindenburg dem Reichskanzler und ihm zu ihrem „energischen und erfolgreichen Vorgehen gegen die Hochverräter“ gratulierte, obwohl der alte Präsident bereits auf dem Sterbebett lag. Als Hindenburg am 2. August 1934 – vier Wochen nach dem Massaker – starb, wurde ein am Vortag vom Kabinett erlassenes Gesetz bekanntgegeben, das die Ämter von Reichspräsident und Reichskanzler vereinigte, wodurch auch der Oberbefehl über die Wehrmacht auf den „Führer und Reichskanzler“ überging. Alle Offiziere und Mannschaften der Wehrmacht mußten einen Treueid auf Hitler ablegen.

Am 20. Juli 1934 erlangte die SS offiziell die Selbständigkeit von der in Ungnade gefallenen SA. Damit war der Polizeistaat 18 Monate nach der Machtergreifung endgültig errichtet. Hitler, der jetzt im eigenen Land nichts mehr zu befürchten hatte, wandte sich der Außenpolitik zu. Die Innenpolitik und Sicherheitsfragen überließ er immer mehr seinen Ministern – vor allem Göring und Goebbels sowie Himmler, dem Reichsführer-SS, dem de facto die gesamte deutsche Polizei unterstand.

In den fünf Jahren zwischen 1934 und 1939 weiteten die Nazis ihren Machtbereich stetig aus: Am 16. März 1935 wurde die „Allgemeine Wehrpflicht" wieder eingeführt, was ein klarer Verstoß gegen den Versailler Vertrag war; am 7. März 1936 ließ Hitler die entmilitarisierte Zone des Rheinlandes besetzen, und am 25. Oktober folgte die Begründung der „Achse Berlin–Rom"; am 13. März 1938 kam es zum Anschluß Österreichs, während die Tschechoslowakei und Polen sich zunehmendem deutschen Druck ausgesetzt sahen.

Konsolidierung vor dem Krieg

Nachdem Himmler jetzt die politische Polizei in ganz Deutschland unterstand, fühlte er sich zu einer Säuberung in den eigenen Reihen imstande. In der schwierigen Zeit war es der SS nur darauf angekommen, möglichst viele Bewerber aufzunehmen, so daß dieser „national-sozialistische Orden nordisch-bestimmter Männer“, wie Himmler ihn bezeichnete, viele Mitglieder hatte, die solchen strengen Kriterien keineswegs genügten. In den Jahren 1934/35 wurden etwa 60 000 weniger Geeignete aus der SS ausgeschlossen, die danach rund 200 000 Mann stark war. Bis in den Krieg hinein mußten zukünftige SS-Anwärter den hohen Anforderungen genügen, die Himmler an seine „nordisch-bestimmten Männer“ stellte.

Die SS blieb strikt von der Wehrmacht getrennt und unterschied sich in Denkweise und Ausbildung von ihr. Tatsächlich trat die SS das Erbe der alten, unabhängigen, paramilitärischen Freikorps an und wurde deshalb von der Wehrmacht skeptisch, wenn nicht sogar sorgenvoll beobachtet. Ein Großteil der 200 000 SS-Angehörigen war jedoch nur nebenberuflich aktiv und verdiente sich seinen Lebensunterhalt außerhalb des „Ordens“. Wie alle Soldaten legten die SS-Männer einen Treueid auf Hitler ab:

„Ich schwöre Dir, Adolf Hitler,
als Führer und Kanzler des Deutschen Reiches
Treue und Tapferkeit.
Ich gelobe Dir und den von Dir bestimmten Vorgesetzten
Gehorsam bis in den Tod,
so wahr mir Gott helfe."

Eine Schule zur Ausbildung zukünftiger SS-Führer war schon im Jahre 1932 in Bad Tölz gegründet worden. Ein SS-Führer sollte nicht nur körperlich fit, sondern auch von rascher geistiger Auffassungsgabe sein. Ebenfalls gefordert wurde eine umfassende politische Bildung, das heißt eine politische Indoktrination. An der SS-Führerschule wurden außer Sport auch Geschichte, Erdkunde, Militärgeschichte und „Rassenhygiene" unterrichtet.

In Himmlers Unterbewußtsein existierte eine vage Ansammlung merkwürdiger Theorien – seine katholische Erziehung (von der er jetzt nichts mehr wissen wollte) wirkte sich nach wie vor aus. Er hatte noch immer Respekt vor der bei den Jesuiten üblichen Disziplin. Als „Gottgläubiger", dessen Weltanschauung jetzt von einem pseudogermanischen Blut-und-Boden-Mythos beeinflußt wurde, begeisterte er sich jedoch auch für die Tradition des Deutschritterordens, wie er sie sah.

Um sich seine Ritterträume erfüllen zu können, ließ Himmler die westfälische Wewelsburg als Reichsführerschule der SS renovieren. Walter Schellenberg, der nach Heydrichs Tod die Leitung des SD übernahm, hat in seinen *„Memoiren"* geschildert, was sich dort abspielte: „Himmler besaß die beste und größte Bibliothek über den Jesuitenorden und hatte die umfangreiche Literatur jahrelang in nächtlichen Stunden studiert. So wurde die SS-Organisation von ihm nach den Grundsätzen des Jesuitenordens aufgebaut. Als Grundlagen dienten die Dienstordnung und die Exerzitien des Ignatius von Loyola: Das oberste Gesetz war das des absoluten Gehorsams, die Ausführung eines jeden Befehls ohne Widerspruch. Himmler selbst, als Reichsführer der SS, war der Ordensgeneral. Der Aufbau der Führerschaft lehnte sich an die hierarchische Ordnung der katholischen Kirche an. Bei Paderborn in Westfalen hatte er eine mittelalterliche Burg, die sogenannte Wewelsburg, ausbauen lassen – sie war sozusagen das große SS-Kloster, wohin der Ordensgeneral einmal jährlich das Geheimkonsistorium einberief. Hier sollten alle, die zur obersten Ordensführung zählten, geistige Exerzitien und Konzentrationsübungen abhalten. In dem großen Versammlungssaal besaß jedes Mitglied einen bestimmten Sessel mit einem Silberplättchen, auf dem der Name des Betreffenden eingraviert war."

Himmlers Privatgemächer auf der Wewelsburg waren nach König Heinrich I., Heinrich dem Vogler, benannt, der das Deutsche Reich begründet, die Slawen bekämpft und 933 die Ungarn bei Riade an der Unstrut besiegt hatte. Zur Förderung des Ahnen- und Germanenkults der SS gründete Himmler ein Forschungszentrum mit dem beziehungsreichen Namen „Ahnenerbe", das durch wissenschaftliche Arbeit die Grundzüge des nordischen Menschen sowie die Ursachen für seine Überlegenheit über alle anderen Menschenrassen erforschen sollte.

Obwohl Heydrich das alles für Mumpitz hielt, war er durchaus bereit, auf Himmlers Überspanntheiten einzugehen. Auch er wollte eine schlagkräftige, intelligente, bedingungslos gehorsame Truppe zur Verfügung haben. Außerdem wußte er, daß er verdächtigt wurde, von mütterlicher Seite jüdisches Blut in den Adern zu haben, und wollte durch besonders schneidiges Auftreten beweisen, daß bei ihm nicht die geringste Gefahr eines Rückfalls bestand. Heydrich interessierte sich eher für die gegenwärtigen Belange der SS und begann mit der Herausgabe der SS-Zeitschrift *„Das Schwarze Korps“*, um den kameradschaftlichen Zusammenhalt seiner Männer zu stärken.

Weit schlimmere Folgen als Himmlers Ritterspiele auf der Wewelsburg hatte die weitere Entwicklung in Dachau, wo er ein „Muster-Konzentrationslager“ hatte errichten lassen. Der erste Kommandant des KZ Dachau war der SS-Standartenführer Theodor Eicke, ein von der Wirksamkeit strenger Disziplin überzeugter alter Soldat. Das von ihm eingeführte Ausbildungssystem trug viel zu der ungeheuren Brutalisierung und der für die SS charakteristischen Entmenschlichung bei. Eicke bildete Rudolf Höß aus, der später Kommandant des KZ Auschwitz, des berüchtigtsten Todeslagers, wurde. Höß trat 1933 als Anwärter in die SS ein und kam im November 1934 als SS-Unterscharführer nach Dachau.

Häufig wird die Vermutung geäußert, die SS und

vor allem die zur Bewachung von Konzentrationslagern eingesetzten Totenkopfverbände hätten aus bewußt rekrutierten pathologischen Sadisten bestanden. Wer sich dazu entschließt, diese Version zu glauben, erliegt einer Illusion über das Ausmaß niedriger Instinkte bei Durchschnittsmenschen. Zum Glück gibt es in der menschlichen Gesellschaft nur wenige ausgesprochene Psychopathen, von denen lediglich ein geringer Prozentsatz für solche Zwecke einsetzbar wäre. Die während des Krieges eingerichteten Konzentrationslager erforderten bis zu 40000 SS-Männer als Wachpersonal – ganz abgesehen von den speziell ausgebildeten Vernehmungsbeamten von SS und Gestapo, die Häftlinge an anderen Schreckensorten wie den Zellen in der Berliner Prinz-Albrecht-Straße mißhandelten.

Während es in den Totenkopfverbänden und bei der Gestapo einzelne gab, denen ihre Tätigkeit eine fortgesetzte pathologische Befriedigung brachte, waren die meisten Männer – und später auch Frauen –, die direkt mit Häftlingen zu tun hatten, eher durchschnittliche, mäßig intelligente Bürger. Sie wurden jedoch ausgewählt, weil sie hart und gefühllos waren, und erhielten eine Sonderausbildung, um sie auf ihre spätere Tätigkeit vorzubereiten. Sie wurden zum Haß gegen die Häftlinge erzogen und gewöhnten sich allmählich daran, sie mit wachsender Brutalität zu behandeln.

In seinen nach dem Krieg in polnischer Untersuchungshaft angefertigten autobiographischen Aufzeichnungen hat Höß geschildert, nach welchen Maximen Eicke die Ausbildung der Wachmannschaften ausrichtete: „Jede Spur von Mitleid zeige den ‚Staatsfeinden' eine Blöße, die sie sich sofort zunutze machen würden. Jegliches Mitleid mit ‚Staatsfeinden' sei aber eines SS-Mannes unwürdig. Weichlinge hätten in seinen Reihen keinen Platz und würden gut daran tun, sich so schnell wie möglich in ein Kloster zu verziehen. Er könne nur harte, entschlossene Männer gebrauchen, die jedem Befehl rücksichtslos gehorchten. Nicht umsonst trügen sie den Totenkopf und die stets scharf durchgeladene Waffe! Sie stünden als einzige Soldaten auch in Friedenszeiten Tag und Nacht am Feind, am Feind hinter dem Draht!"

Eickes Kompromißlosigkeit machte sich bezahlt: Am 4. Juli 1937 ernannte Himmler ihn zum Inspekteur der Konzentrationslager, um in das gesamte KZ-System „den Dachauer Geist hineinzubringen" (Höß). Aufseherinnen wurden später im Konzentrationslager Ravensbrück ausgebildet, das kurz vor Kriegsausbruch eingerichtet worden war.

Eine Hausfrau, die eine Fliege erschlägt oder einen Käfer zerdrückt, gilt nicht als Sadistin; sie hält lediglich ihre Wohnung sauber. Mit den unhygienischen Verhältnissen, unter denen die SS ihre Häftlinge dahinvegetieren ließ, verfolgte sie eine ganz bestimmte Absicht: Sie dienten nicht nur dazu, die Häftlinge zu demütigen und gefügiger zu machen, sondern machten sie auch in den Augen der Wachmannschaften zu abstoßenden Erscheinungen. Die Häftlinge mußten wie das Ungeziefer in Menschenform aussehen, als das sie ideologisch bezeichnet wurden.

So war es lediglich ein von hochstehenden Herrenmenschen an niedrigsten Untermenschen ausgeübter Akt hygienischer Selbsterhaltung, sie mit Gewalt zu unterdrücken, niederzuschlagen oder sogar aus geringstem Anlaß zu erschießen. Nach der gültigen SS-Doktrin war das kein Sadismus, sondern die Reaktion eines Gesunden, den diese die Menschheit vergiftenden Kreaturen anwiderten. So wurden schon die ersten Konzentrationslager zu Keimzellen der späteren Massenvernichtungslager.

In ihren verschiedenartigen Erscheinungsformen zog die SS alle möglichen Rekruten an, deren Ariernachweis vor Himmlers forschendem Blick bestehen konnte. Sein mit Unterlagen über die Vorfahren selbst der unbedeutendsten SS-Anwärter überladener Schreibtisch wurde zu einer genealogischen Brutstätte.

Trotz dieses rassischen Engpasses begann die entsprechend gesäuberte SS wieder zu wachsen und lockte ein merkwürdiges Sammelsurium von Bewerbern an. An einem Ende der Skala standen Adlige und Gesellschaftslöwen, Kirchenmänner und Juristen, deutschnationale ehemalige Offiziere, Professoren und Ärzte; am anderen Ende standen weniger elegante Barbaren, zweifelhafte Freikorpsveteranen und sogar Vorbestrafte. Die erste Gruppe versammelte sich in ihren Salons und verlieh der SS einen scheinbar ehrbaren, sogar intellektuellen Anstrich; die zweite meldete sich freiwillig zur Wachmannschaft von Konzentrationslagern und mied das Licht der Öffentlichkeit. Zwischen diesen „Extremen“ entstand eine Himmler direkt unterstellte SS-Bürokratie, zu deren Ausführungsorganen auch ein besonders penibler Verwaltungsfachmann gehörte: der SS-Sturmbannführer Adolf Eichmann.

Die SS-Ausbildung basierte bis zu den höchsten Dienstgraden hinauf auf den beiden Eigenschaften, von denen Himmler ständig sprach und die Heydrich ebenso ständig in die Tat umsetzte. An erster Stelle stand die Härte – unnachgiebige Härte gegenüber politischen Gegnern und den „Untermenschen" in den Lagern. Auf der anderen Seite stand der Kameradschaftsgeist innerhalb der SS, deren Motto schließlich lautete: „Unsere Ehre heißt Treue."

„Gegenüber Angehörigen unseres eigenen Blutes", sagte Himmler am 4. Oktober 1943 in Posen vor SS-Gruppenführern, „müssen wir ehrlich, anständig, loyal und kameradschaftlich sein, aber zu keinem anderen. Wie es den Russen geht, wie es den Tschechen geht, ist mir total gleichgültig. Das, was in diesen Völkern an gutem Blut unserer Art vorhanden ist, werden wir uns holen, indem wir ihnen, wenn notwendig, ihre Kinder rauben und bei uns großziehen. Ob die anderen Völker im Wohlstand leben oder ob sie verrecken vor Hunger, das interessiert mich nur soweit, als wir sie als Sklaven für unsere Kultur brauchen, anders interessiert mich das nicht .... In dem Augenblick, in dem wir das Gesetz unserer Volksgrundlage und das Gesetz der Auslese und der Härte gegen uns selbst vergessen würden, würden wir den Keim des Todes in uns haben.... Wir müssen uns unseres Grundsatzes besinnen: Blut, Auslese, Härte."

Wir wollen uns jetzt kurz mit bestimmten Gruppierungen befassen, deren Angehörige etwa ab 1934 in die SS eintraten. Eine Hauptrolle spielten dabei intelligente junge Juristen, die Intellektuellen der Bewegung. In Deutschland gab es viele begabte Hochschulabsolventen, die dem Nationalsozialismus positiv gegenüberstanden und sich von dem neuen Regime Stellungen mit guten Aufstiegsmöglichkeiten erhofften. Bei der SS fanden sie solche Positionen – und bekamen noch dazu eine elegante Uniform.

Zu den jüngsten Neuzugängen gehörte Walter Schellenberg, dessen nach dem Krieg erschienene *„Memoiren“* eine unterhaltsame, wenn auch phantasievolle Darstellung der in der SS üblichen Intrigen enthalten. Der 1910 geborene Schellenberg hatte in Bonn zuerst Medizin und dann Jura studiert und war im Mai 1933 in die NSDAP und die SS eingetreten, denn „unter den Gliederungen der Partei galt schon 1933 die Schutzstaffel Hitlers (SS) als eine Eliteorganisation . . . So bevorzugten besonders die sogenannten ‚feinen Leute‘ beim Eintritt in eine der Parteigliederungen die SS. Man mag rückblickend mit Recht den Stab darüber brechen, aber ich kann nicht leugnen, daß auch ich als junger Mensch empfänglich für Äußerlichkeiten war und daß dieser Hang mitbestimmend für meinen Entschluß wurde, der SS beizutreten.“

Der eintönige Exerzierdienst, „durch den jeder SS-Anwärter zunächst einmal militärisch gedrillt wurde“, machte Schellenberg aber schon bald keine Freude mehr, „zumal auch über das Wochenende immer wieder größere Ausmärsche auf dem Dienstplan standen". Das sollte sich jedoch bald ändern: Schellenberg wurde von einem Pädagogikprofessor für den Sicherheitsdienst (SD) angeworben, sollte aber auch als Mitarbeiter des SD-Inlandsdienstes seine juristische Ausbildung fortsetzen; seine „Mitwirkung sei sozusagen nur neben- und ehrenamtlich". Später leistete er einen dreimonatigen Vorbereitungsdienst in Frankfurt ab und hatte überall die heikelsten Fälle zu bearbeiten – „darunter auch ein Ermittlungsverfahren wegen schwerer Verfehlungen hoher Parteifunktionäre". Schließlich wechselte Schellenberg nach Berlin ins SD-Hauptamt über, das Heydrich unterstand. In seinen *„Memoiren"* hat er seine erste Begegnung mit Heydrich geschildert:

„Heydrich saß hinter seinem Schreibtisch – eine große, imponierende Gestalt mit einem langen, schmalen Gesicht und einer ungewöhnlich hohen Stirn. Weniger einnehmend waren die lange, scharfe Nase und die unruhigen, schrägen Augen, mit denen er mich ungeniert eine Zeitlang musterte. Als er mich schließlich begrüßte, frappierte mich seine Stimme – sie war für den großen, starken Körper viel zu hoch ... Während er sich mit mir unterhielt, stand er auf und ging eine Weile im Zimmer auf und ab. Die breitausladenden Hüften gaben seiner hohen Gestalt einen etwas femininen Einschlag. Und die stark aufgeworfenen Lippen schienen mir einen seltsamen Widerspruch zu den langen Händen zu bilden, deren Finger fast wie Spinnenbeine wirkten ...

Eine seiner besonderen Gaben schien es zu sein,

die persönlichen, fachlichen, aber auch die politischen Schwächen anderer Menschen sofort zu erkennen und diese sowohl in seinem phänomenalen Gedächtnis als auch in seiner ‚Kartei' zu registrieren und im richtigen Augenblick auszuspielen ... Himmler wußte er stets mit Gedanken und Einfällen zu versorgen, die dieser dann dem Führer als Produkt eigenen Geistes vortragen konnte. Dabei war Heydrich gerissen genug, Himmler seine Gedanken in einer Weise zu vermitteln, die diesen glauben machen mußte, er, der Reichsführer selbst, sei der Schöpfer solcher Ideen. Er wußte auch über Himmlers ebenso wie über Hitlers Privatleben genau Bescheid. Beispielsweise kannte er Hitlers ärztliche Diagnosen bis in alle Einzelheiten."

Schellenbergs ganze Art enthält ein auf den ersten Blick nicht unattraktives Element: seinen Sinn für Humor, seine Begeisterung für die Geheimdienstaufträge, die ihn später auch ins Ausland führten, und seine nüchterne Schilderung Himmlers, der sich in kritischen Situationen als wenig entschlußfreudig erwies. Obwohl Schellenberg zweifellos ebenso amoralisch und herzlos wie seine Kollegen war, schilderte er sich in seinen *„Memoiren"* verständlicherweise als Mann mit Herz und Seele.

Zu den bedrohlicheren Gestalten in den Reihen der SS-Intellektuellen gehörte der 1907 in Hannover geborene Volkswirtschaftler und promovierte Jurist Otto Ohlendorf. Ohlendorf, der schon im Jahre 1925 in die NSDAP eingetreten war, stieß 1933 zu Heydrichs SD und wurde leitender Mitarbeiter der Zentralabteilung „Lebensgebiet-Berichterstattung“. Er überlebte den Krieg und sollte sich in Nürnberg als wertvoller Zeuge erweisen, bevor ihm selbst als Massenmörder der Prozeß gemacht wurde.

Mehrere dieser Intellektuellen wurden später Massenmörder – allerdings gehörte Schellenberg nicht zu ihnen. Obwohl die Akademiker genügend Selbstdisziplin und Härte aufbrachten und durch präzise Berichterstattung auffielen, neigte Himmler dazu, ihnen zu mißtrauen, und bezeichnete Ohlendorf einmal als „unsoldatischen Typ und verdammten Intellektuellen“. Weitere Intellektuelle, die jedoch offenbar mehr Vertrauen genossen, waren der Ministerialrat und SS-Oberführer Dr. Werner Best, damals Gestapo-Justitiar und später Reichsbevollmächtigter in Dänemark, und Professor Dr. Franz Six, der die Zentralabteilung „Weltanschauliche Gegnerbekämpfung“ leitete und später die SD-Organisation in England hätte leiten sollen – falls die geplante Invasion gelungen wäre.

Charakteristisch für das entgegengesetzte Spektrum der SS – die ungebildeten, brutalen, abgestumpften Schlägertypen, aus denen das Wachpersonal der Konzentrationslager bestand – war Rudolf Höß, der von Eicke in Dachau ausgebildet worden war. Wie viele Barbaren war auch Höß sentimental und vergeudete sein unangebrachtes Mitleid hauptsächlich an sich selbst. Seine Autobiographie ist ein einzigartiges Zeitdokument: die Enthüllungen eines Mannes, dessen Intelligenz eben zu einer detaillierten Schilderung seines Werdeganges ausreichte, dem aber jegliches Unrechtsbewußtsein im Zusammenhang mit den in Auschwitz verübten Verbrechen fehlte. Für Höß wurde der Massenmord zu einem Beruf, der ihm einen Dienstgrad und eine Vertrauensstellung in der SS einbrachte, die er sonst nirgends hätte erringen können. Am unteren Ende ihres Spektrums brauchte die SS insbesondere loyale Männer wie den Obersturmbannführer Höß, die zwar selbst keine ausgesprochenen Sadisten waren, es aber zuließen, daß die ihnen unterstehenden Aufseher und Aufseherinnen die Häftlinge mißhandelten. Viele der Opfer waren dem Wachpersonal geistig und gesellschaftlich überlegen, was bei der SS Ressentiments auslöste. Neulinge in Konzentrationslagern glaubten oft, sich durch eilfertige Bekanntgabe ihres hohen gesellschaftlichen, akademischen und intellektuellen Status gewisse bescheidene Haftprivilegien sichern zu können. Statt dessen bezogen sie dafür weitere Prügel von den Barbaren und bekamen sofort die schmutzigste Arbeit zugewiesen, die sich im ganzen Lager finden ließ. Nach Überzeugung der SS-Rabauken hatten Intellektuelle nichts anderes verdient, als erniedrigt zu werden.

Einen Teil der für ihre Schmutzarbeit benötigten Männer rekrutierte die SS aus Gefängnissen und Zuchthäusern, wobei es keinen großen Unterschied zu machen schien, ob sie dort Aufseher oder Häftlinge waren. Tatsächlich hatte die SS, die in der Vorkriegszeit noch ausschließlich aus Freiwilligen bestand, offenbar gewisse Schwierigkeiten, die benötigten Mannschaftsstärken zu halten.

Höß war im Jahre 1923 an einem besonders brutalen Fememord beteiligt gewesen und zu zehn Jahren Zuchthaus verurteilt worden. Nach seiner 1928 aufgrund einer Amnestie erfolgten Entlassung arbeitete er bei verschiedenen Landdienstgruppen des Bundes der Artamanen, dem auch Himmler angehörte; Himmler wurde auf Höß aufmerksam und veranlaßte ihn, in die SS einzutreten. Dort machte Höß rasch Karriere: Der Unteroffizier des Ersten Weltkrieges trat Ende 1934 als SS-Unterscharführer in die Wachtruppe des KZ Dachau ein, wurde 1935 Blockführer, SS-Scharführer (Feldwebel) und SS-Oberscharführer (Oberfeldwebel), Rapportführer und SS-Untersturmführer (Leutnant). Im Jahre 1938 kam Höß als Adjutant des Kommandanten ins KZ Sachsenhausen, wurde dort SS-Hauptsturmführer (Hauptmann) und war Schutzhaftlagerführer, bis er 1940 den Auftrag erhielt, das KZ Auschwitz als Kommandant aufzubauen, und beendete den Krieg als SS-Obersturmbannführer (Oberstleutnant).

Höß war das Produkt einer unmenschlich strengen, stark religiös orientierten Erziehung. In Nürnberg, wo er bei den Kriegsverbrecherprozessen zu den Hauptzeugen gehörte, schilderte er seine Kindheit im Gespräch mit Dr. G. M. Gilbert, einem der amerikanischen Gefängnispsychologen: „Ja, ich bin in sehr strenger katholischer Tradition erzogen worden. Mein Vater ... war sehr streng und fanatisch ..., er wollte mich Gott und dem Priesterstand weihen ... Ich mußte viel beten, in die Kirche gehen und wegen der kleinsten Missetaten Sühne tun."

Er klagte ständig über die Einsamkeit, unter der er in der Vergangenheit gelitten habe; obwohl Höß verheiratet war, schien er wenig für seine Frau empfunden zu haben. Er bestand jedoch nachdrücklich darauf, „normal" zu sein: „Ich bin völlig normal. Selbst während ich diese Vernichtungsarbeit geleistet habe, habe ich ein normales Familienleben geführt ... Vielleicht war das eine persönliche Eigenart, aber ich habe mich stets am wohlsten gefühlt, wenn ich allein war ... Das hat meine Frau am meisten gestört; ich war so selbstgenügsam. Ich hatte niemals Freunde oder enge Beziehungen mit irgend jemandem – nicht einmal in meiner Jugend."

Höß' gesamte Karriere basierte auf der Ausführung von Befehlen, die er niemals in Frage stellte, weil ihm dazu die Veranlagung und wohl auch die Intelligenz fehlten: „Wir SS-Männer sollten uns über solche Dinge nicht den Kopf zerbrechen; wir sind auch nie auf diese Idee gekommen ... Für uns stand bereits fest, daß die Juden an allem schuld seien ... Wir hörten nie etwas anderes ... Unsere militärische und ideologische Schulung ging von dem Gedanken aus, daß wir Deutschland vor den Juden zu schützen hätten."

Sobald Höß selbst Befehlsgewalt erhalten hatte, stieg er automatisch in der SS-Hierarchie auf, erhielt seine Befehle von Himmler und überwachte ihre Ausführung durch seine Männer. Als er dann seinerseits zum Häftling geworden war und über seine Untaten aussagen sollte, trat er in Nürnberg in den Zeugenstand und gab alle grausigen Einzelheiten mit der gleichen erschreckenden, beflissenen Unterwürfigkeit preis – in der Haltung eines treuen Dieners, der Rechenschaft über sein Tun ablegt. Aus seinen in Nürnberg gemachten Zeugenaussagen wird später noch ausführlicher zitiert.

Während die Konzentrationslager in den dreißiger Jahren ausgebaut wurden, drang ihr Ruf, Brutstätten übelster Brutalität zu sein, als „Gerücht" zur deutschen Bevölkerung. Zahlreiche politische Häftlinge wurden damals entlassen, nachdem sie eine aus neun Punkten bestehende „Erklärung" unterschrieben hatten, in der sie sich zu vollständigem Stillschweigen über die KZ-Verhältnisse verpflichteten; wer dagegen verstieß, konnte als „Rückfälliger" erneut eingeliefert werden. Durch ihr Schweigen verstärkten sie die Wirkung der umlaufenden Gerüchte, während die vorsichtigen Andeutungen der Gesprächigeren nur dazu beitrugen, die weitverbreitete Angst vor den Konzentrationslagern zu schüren und auf diese Weise die Gegner des NS-Regimes einzuschüchtern.

Im Laufe der Jahre wurden immer mehr Konzentrationslager eingerichtet: Neben Dachau, das beibehalten und erweitert wurde, entstanden mit Sachsenhausen (bei Berlin-Oranienburg) im Jahre 1936 und Buchenwald (bei Weimar) im Jahre 1937 die drei Hauptlager der SS. Später kamen die Konzentrationslager Groß-Rosen (bei Breslau), Flossenbürg (bei Weiden), Neuengamme (bei Hamburg), Ravensbrück (bei Fürstenberg) als Frauenlager und nach dem Anschluß Österreichs Mauthausen (bei Linz) dazu. An diese und die während des Krieges eingerichteten Stammlager waren verschiedene Außenlager und -kommandos angeschlossen, die vom Hauptlager mitverwaltet wurden.

Die rasche Vermehrung der Konzentrationslager war eine Folge von Ereignissen, die für den verstärkten Kampf des NS-Regimes gegen die Gesellschaft bezeichnend waren. Dazu gehörten der Anschluß Österreichs im März 1938, die Kristallnacht – ein in ganz Deutschland organisierter Judenpogrom – 9./10. November 1938 und Hitlers „unabänderlicher Entschluß“, die Tschechoslowakei zu zerschlagen, der zur Besetzung des Sudetenlandes (September 1938) und der Errichtung des Reichsprotektorats Böhmen und Mähren (März 1939) führte.

Falls Himmlers Statistiken glaubwürdig sind, zählten die deutschen Konzentrationslager Anfang Januar 1937 nur 8000 Insassen. Nach statistischen Angaben in *„Die Anatomie des SS-Staates“* waren daraus bis Ende 1937 rund 10000 Häftlinge geworden, während die Verhaftungswellen als Folge der Ereignisse der Jahre 1937–39 die Häftlingszahl der inzwischen vermehrten und vergrößerten Lager bis Kriegsausbruch auf etwa 25000 brachten.

Die Häftlinge durften jedoch keineswegs untätig herumsitzen, während ihre ideologische Umerziehung andauerte. „Sogar hierfür gab es eine ethische Verbrämung zur völligen Einschläferung des bereits ohnehin stark narkotisierten deutschen Gewissens: die Erziehung ‚Arbeitsunwilliger‘ zur Arbeit und die Verwendung politischer ‚Schädlinge‘ zu nützlichen Arbeiten!“ berichtet Eugen Kogon in *„Der SS-Staat“*.

Die Häftlinge wurden bald als Arbeitssklaven eingesetzt und mußten u.a. Moore trockenlegen, bestehende Lager ausbauen oder völlig neue errichten.

Himmler war praktisch genug veranlagt, um bald zu erkennen, daß die in den Konzentrationslagern zu seiner Verfügung stehenden Massen von Arbeitskräften zum Vorteil der SS eingesetzt werden konnten, um sein Schwarzes Korps eines Tages von Zuschüssen aus der Parteikasse unabhängig zu machen. Bei geschickter Planung ließen sich möglicherweise sogar beträchtliche Reichtümer ansammeln. So wurden Firmen wie die Deutschen Ausrüstungswerke, die Kriegsmaterial herstellten, und die Deutschen Erd- und Steinwerke gegründet, in denen Häftlinge als Zwangsarbeiter Naturstein abbauten, Kies gewannen und Ziegel und Zement herstellten.

Schon im Jahre 1934 war der aus einfachen Verhältnissen stammende ehemalige Marinezahlmeister Oswald Pohl an die Spitze des SS-Hauptamtes für Wirtschaft gelangt, aus dem später das SS-Wirtschaftsverwaltungs-Hauptamt (SS-WVHA) wurde. In der Folge entwickelten sich handfeste Auseinandersetzungen zwischen dem von Heydrich geleiteten Sicherheitsdienst der SS, der die Konzentrationslager als Straf- und später als Vernichtungslager betrachtete, und Pohls Hauptamt, das das Prinzip der Sklavenarbeit ausbauen wollte, um Gewinn zu erzielen. Himmler, der Hitlers Vorbild des „Teile und herrsche!“ folgte, förderte beide Bestrebungen gleichermaßen. Der Verwaltungsapparat, den die SS für die Beherrschung und Ausbeutung der Konzentrationslager aufbauen mußte, wucherte in der Expansionsperiode der Vorkriegszeit ins Unermeßliche.

Weder Dr. Wilhelm Frick, der NS-Innenminister, noch Franz Gürtner, der Reichsjustizminister, konnten die SS oder die Gestapo zur Rechenschaft ziehen. Beide bemühten sich vergeblich um gesetzliche Regelungen, um zu verhindern, daß SS und Gestapo Bürger verhafteten und ohne Gerichtsverfahren in „Schutzhaft" nahmen. Hitler verfügte im Jahre 1936, daß jede von Himmler als Chef der deutschen Polizei getroffene Entscheidung rechtlich wie ein Ministerialerlaß zu behandeln sei. Im preußischen Gestapo-Gesetz vom 12. Februar 1936 wurden die Aufgaben der Geheimen Staatspolizei neu definiert. Die Gestapo hatte danach die Aufgabe, alle staatsfeindlichen Bestrebungen in Preußen zu untersuchen und zu unterdrücken, sowie die Folgen irgendwelcher Unruhen zusammenzustellen und auszuwerten. Weder die Dienstanweisungen noch die Arbeitsmethoden der Gestapo konnten durch eine Klage bei Verwaltungsgerichten überprüft werden.

Obwohl die Gestapo mit dem Innenministerium zusammenarbeiten sollte, vermieden Heydrich und seine Mitarbeiter es nach Möglichkeit, den Reichsinnenminister oder den zuständigen Referenten über ihre Tätigkeit auf dem laufenden zu halten.

Dr. Werner Best, damals Heydrichs Stellvertreter im Geheimen Staatspolizeiamt, kommentierte die Verabschiedung des Gestapogesetzes in Preußen in einer längeren Abhandlung, in der es hieß, mit der Errichtung des nationalsozialistischen Führerstaates habe Deutschland erstmals eine Regierungsform erhalten, die aus einer lebendigen Idee ihr gesetzliches Recht herleite, mit allen dem Staat zur Verfügung stehenden Zwangsmitteln jeglichen Angriff auf die gegenwärtige Staatsform und Staatsführung abzuwehren.

Jeder Versuch, anderen politischen Vorstellungen Geltung zu verschaffen oder auch nur zu ihrem Fortbestand beizutragen, werde rücksichtslos geahndet werden, da er als Anzeichen für eine Krankheit zu werten sei, die eine Bedrohung für die gesunde Einigkeit des unteilbaren nationalen Organismus darstelle. Die vorbeugende Dienstpflicht der politischen Polizei sei es, Staatsfeinde aufzuspüren, zu beobachten und im rechten Augenblick unschädlich zu machen. Um diese Pflicht erfüllen zu können, müsse die politische Polizei alle Mittel verwenden dürfen, die den geforderten Zweck erfüllen könnten. Es sei ebenso unmöglich, gesetzliche Normen für die von einer politischen Polizei zu verwendenden Mittel zu schaffen, wie es ausgeschlossen sei, für alle Zeit sämtliche Formen subversiver Angriffe oder anderer Bedrohungen des Staates vorauszusehen. Aus diesen Tatsachen habe sich der Begriff einer politischen Polizei zum Schutz des Staates entwickelt, deren Angehörige nicht nur ihre Dienstpflichten erfüllten, sondern sich darüber hinaus auch als zur kämpfenden Truppe gehörig betrachteten.

Auf diese Weise waren SS und Gestapo ab 1936 praktisch immun gegen staatliche Einmischungsversuche auf der Grundlage der nach wie vor gültigen

Weimarer Verfassung, während es aus der Sicht der deutschen Öffentlichkeit zwei nebeneinander fungierende Strafverfolgungsbehörden gab: die in der Verfassung vorgesehene staatliche Justiz und die durch Führererlaß geschaffenen Stellen. Diese Regierungsform Hitlers basierte auf einer „über der Verfassung stehenden Führerautorität" – einer Autorität, die unweigerlich das letzte Wort behielt, wenn es um Meinungsverschiedenheiten über Bürgerrechte ging. Hitlers Diktatur beruhte auf einer Regierung durch geschriebene und ungeschriebene Notverordnungen, das heißt, daß Deutschland sich in den Jahren 1933–45 nach Hitlers Auffassung in einem ununterbrochenen Notstand befand.

Seitdem die SA nach dem Röhm-Putsch entmachtet war, wurde Himmlers SS immer mehr zur offiziellen Parteiarmee, die das gesamte zivile Leben im Dritten Reich beherrschte. Nur Wehrmachtsangehörige waren theoretisch vor SS und Gestapo sicher: Die Gestapo durfte beispielsweise keinen Offizier verhaften. Falls sie Belastungsmaterial gegen ihn besaß, konnte sie es lediglich an die Abteilung Abwehr im Reichswehrministerium (später Abteilung Ausland/Abwehr im OKW) weitergeben, die ab 1935 von Admiral Canaris geleitet wurde, der ein geheimer Gegner des Hitlerregimes war und zuließ, daß seine Dienststelle sich ab 1938 zu einem Widerstandszentrum entwickelte.

Diese eigenartige Konstellation führte zu ungewöhnlichen Verwicklungen. In den beiden waffentragenden Organisationen – der Wehrmacht, die Hitler als Führer und Oberbefehlshaber direkt unterstand, und der SS, die Himmler unterstellt war – gab es zwei miteinander konkurrierende Nachrichtendienste: den von Heydrich geleiteten Sicherheitsdienst (SD) der SS und die Abwehr mit Canaris an der Spitze. Canaris, 17 Jahre älter als Heydrich, war bei der Reichsmarine einmal sein Vorgesetzter gewesen. Jetzt verkehrten sie als gleichberechtigte Kollegen miteinander – und belauerten sich gegenseitig. Heydrich spielte gelegentlich Krocket mit dem Admiral und Geige mit Frau Canaris, die Kammermusik liebte.

Unterdessen wuchs die SS stetig weiter. In einer im Januar 1937 vor Wehrmachtsoffizieren gehaltenen Rede gab Himmler bekannt, daß die SS-Totenkopfverbände, die Wachmannschaften der Konzentrationslager, eine Stärke von 3500 Mann erreicht hatten; dazu kamen die 20000 Mann der SS-Verfügungstruppe, der späteren Waffen-SS, und die 90000 Mann starke uniformierte deutsche Polizei. In *„Die Anatomie des SS-Staates"* werden folgende Zahlen für die Stärke der SS unmittelbar vor Kriegsausbruch genannt: 25000 Mann in bewaffneten SS-Einheiten, darunter auch den Totenkopfverbänden, und rund 200000 Mann in der allgemeinen SS.

Im Jahre 1937 gab es drei bewaffnete Spezialformationen, aus denen später die Waffen-SS hervorging: die „Leibstandarte Adolf Hitler" und die Standarten „Germania" und „Deutschland". Geführt wurden diese Kampftruppen von ehemaligen Offizieren und Unteroffizieren wie Sepp Dietrich, einem ehemaligen Chauffeur, der es schließlich bis zum SS-Obergruppenführer (Generaloberst) brachte, und SS-Obergruppenführer Erich von dem Bach-Zelewski. Paul Hausser, ein ehemaliger Generalleutnant der Reichswehr, erhielt den Auftrag, diese Einheiten auszubilden, als Hitler im Jahre 1935 anordnete, ihnen eine vollwertige Militärausbildung zu geben.

Von 1935 bis 1939 wuchsen diese paramilitärischen Verbände von etwa 9000 auf 18 000 Mann. Sie galten nicht als Polizeikräfte, sondern blieben weiterhin ein Teil der SS; sie waren Soldaten, die angeworben und ausgebildet wurden, um die Stabilität der Zivilbevölkerung in Kriegszeiten zu erhalten. Hitler betrachtete sie als Sonderformationen, die mehr ihm als Himmler unterstanden. In dieser Beziehung ging er kein Risiko ein.

Ab 1936 war Himmler bereit, durch Reden in der Öffentlichkeit und in geschlossenen Gesellschaften seine SS-Ideale zu propagieren. Im Juli 1936 sprach er auf einer Feier zum 1000. Todestag Heinrichs I., des Begründers des Deutschen Reiches.

„Heinrich der Vogler", rief Himmler aus, „hat niemals vergessen, daß die Kraft des deutschen Volkes auf der Reinheit seines Blutes beruht!" Im Januar 1937 wurde der Reichsführer-SS eingeladen, vor Wehrmachtsoffizieren zu sprechen, die politisch indoktriniert und auf den bevorstehenden Krieg vorbereitet werden sollten. Diese Rede vermittelt uns ein anschauliches Bild von den Ursprüngen und dem Aufbau der SS sowie von den Prinzipien, auf denen sie nach Himmlers Willen basieren sollte.

Der Reichsführer-SS erläuterte, wie ihre „hehren

Ideale“ sich aus den ursprünglichen Aufgaben der Schutzstaffel entwickelt hatten, deren Aufgabe es gewesen war, Redner auf Parteikundgebungen zu schützen. Dann ritt Himmler sein liebstes Steckenpferd: Er betonte, wie wichtig es sei, das gute germanische Blut zu erhalten und die Zahl der gesunden nordischen Menschen in Europa zu erhöhen. Anfangs habe der SS-Mann keinen Sold erhalten, führte Himmler aus; er habe sich seine Uniform sogar selbst kaufen müssen. Jetzt – im Jahre 1937 – sei die SS auf eine Stärke von 210000 Mann angewachsen, obwohl nur jeder zehnte Bewerber aufgenommen werde. Himmler erläuterte, daß jeder Bewerber die politische Zuverlässigkeit seiner Angehörigen nachzuweisen und einen bis 1750 zurückreichenden Ariernachweis zu erbringen habe. Er schilderte die zur körperlichen Ertüchtigung aller SS-Angehörigen (auch des Reichsführer-SS) von 18 bis 50 Jahren vorgeschriebenen Übungen und die geistige Fortbildung der SS durch wöchentliche Schulung anhand von Hitlers *„Mein Kampf“*. Danach kam Himmler auf Sonderformationen innerhalb der SS zu sprechen: den SD, den „großen ideologischen Nachrichtendienst der Partei und dereinst des Staates“ und die Totenkopfverbände, deren schwierige, reinigende Aufgabe es sei, den Abschaum aus Kriminellen und Volksschädlingen in den Konzentrationslagern zu verwahren. „Kaum ein anderer Staat wäre so human wie wir“, fügte er hinzu.

Zuletzt sprach Himmler stolz von seiner Reichspolizei und stellte fest, SS und Polizei hätten die Pflicht, das Problem der inneren Sicherheit positiv zu lösen.

Auch damit leisteten sie einen Beitrag zur Sicherung der rassischen Überlegenheit des Deutschtums. Diese Überlegenheit begründete Himmler damit, daß die Deutschen wertvoller als andere, jetzt und in Zukunft zahlenmäßig überlegene Völker seien. Sie seien wertvoller, weil ihr Blut sie dazu befähige, mehr als andere zu erfinden und ihr Volk besser zu führen, als andere Völker geführt würden. Und er fügte hinzu: „In den nächsten zehn Jahren werden die Untermenschen der ganzen Welt einen Vernichtungskrieg gegen Deutschland führen, das der Kern der germanischen Rasse und der Wächter der Kultur wahren Menschentums ist. Diese Jahre werden über die Existenz oder Nichtexistenz der weißen Rasse, deren führende Nation wir sind, entscheiden."

Dieser Rassenkult führte zu teilweise seltsamen Auswirkungen. Im Jahre 1936 wurden die ersten Wöchnerinnenheime der SS gegründet. Sie waren Himmlers besonderer Stolz, und alle SS-Angehörigen – vor allem die verstockten Junggesellen – mußten sich einen bestimmten Betrag von ihrem Sold abziehen lassen, der dem Unterhalt dieser Heime diente, in denen „eheliche und uneheliche Kinder guten Blutes" zur Welt gebracht werden konnten. Diese sogenannten Lebensborn-Heime boten Mutter und Kind eine behagliche und entsprechend weltanschaulich gefärbte Umgebung. Himmler forderte seine Männer auf, fruchtbar zu sein und sich mit Hilfe „deutscher Frauen und Mädel guten Blutes" zu vermehren.

In seiner bekannten Weisung vom 28. Oktober 1939, einem „SS-Befehl für die gesamte SS und Polizei“, drängte er seine Männer dazu, ein Kind zu zeugen, bevor sie in den Krieg zogen. Die Geburtenziffern in den Familien von SS-Angehörigen waren jedoch wenig ermutigend: Im August 1936 hatten diese Familien im Durchschnitt nur ein bis zwei Kinder. Daraus ergab sich das Bedürfnis, die Kinderzahlen durch die Förderung unehelicher Geburten zu erhöhen, aber es wäre völlig verfehlt, die Lebensborn-Heime als Anstalten zu schildern, in denen vorbildliche SS-Männer als Zuchthengste fungierten, wie dies sensationslüsterne Autoren nach dem Krieg getan haben. Eine viel bedrohlichere Methode zur Erhaltung der deutschen Lebenskraft entwickelte sich während des Krieges, als eindeutschungsfähige Kinder aus den besetzten Ländern verschleppt wurden, um in Deutschland in Heimen aufgezogen zu werden.

Die berüchtigten Nürnberger Gesetze vom 15. September 1935 basierten unmittelbar auf der nationalsozialistischen Idee eines „arischen“ Herrenmenschen. Zu irgendwelchen Zeiten hat es in fast allen europäischen Staaten Ausschreitungen gegen Juden gegeben: Pogrome, Beschlagnahmen, Vertreibungen und erzwungene Auswanderungen. Bestimmte Aspekte des reaktionären Gedankengutes im Deutschland des 19. Jahrhunderts waren antisemitisch gefärbt, und Wien gehörte zu den Brutstätten des Antisemitismus im deutschen Sprachraum. Deshalb machten die Nazis die Juden und die Kommunisten zu ihren Prügelknaben, wobei sie im allgemeinen beide miteinander verquickten, um sie um so schändlicher hinstellen zu können.

Die offene Judenverfolgung begann mit Hitlers Machtergreifung und erreichte in der Vorkriegszeit ihren ersten Höhepunkt mit der sogenannten Reichs-Kristallnacht (nach dem dabei zerschlagenen Kristallglas der Schaufenster), einem in der Nacht zum 10. November 1938 in ganz Deutschland organisierten Pogrom. Nach 1933 hatten die Juden bald erfahren, daß sie in Zukunft als Parias behandelt werden sollten; sie wurden aus akademischen Berufen, dem öffentlichen Dienst und dem Militär ausgeschlossen und durften weder als Künstler noch als Sportler öffentlich auftreten. Jüdische Geschäfte wurden boykottiert, und an öffentlich zugänglichen Orten erschienen immer mehr für Juden gültige Verbotstafeln – sie durften nicht mit reinrassigen Deutschen schwimmen, keine Kraftfahrzeuge führen und nicht auf Parkbänken sitzen. Die Ausübung vieler Berufe wurde ihnen verboten. Durch alle diese Maßnahmen sollten die Juden aus der deutschen Gesellschaft ausgeschlossen werden.

Bis zum Jahre 1939 hatte die Zahl der deutschen Juden sich von 600000 auf etwa 210000 verringert. Einige waren bereits ein Opfer der Judenverfolgung geworden, aber die weitaus meisten waren emigriert; schon 1933 waren rund 50000 deutsche Juden ausgewandert, und allein England nahm 1936/37 etwa 60000 deutsche Juden auf, die teils im Land blieben, teils in andere Staaten weiterreisten. Verschlimmert wurde die große Tragödie des deutschen Judentums durch die von den Engländern, die das Mandatsgebiet verwalteten, auf arabischen Druck erlassenen und sehr restriktiv ausgelegten Einreisebestimmungen für Palästina: Nur 15000 deutsche Juden durften 1939, dem Jahr nach der Kristallnacht, legal nach Palästina einwandern.

Das Dritte Reich versuchte damals noch, seine Juden auf Kosten aufnahmewilliger anderer Staaten loszuwerden – es beschlagnahmte ihr Vermögen, so daß die meisten Emigranten völlig mittellos im Ausland ankamen. SS und Gestapo nützten ihren „Einfluß“ aus, um die lukrative Auswanderung von Menschen zu beschleunigen, die Hitler abschieben wollte. Die Gestapo wurde zur zentralen Stelle, die für schweres Geld besorgten und ängstlichen Juden Ausreisegenehmigungen erteilte.

Eine ungewöhnliche Konstellation ergab sich, als Mitglieder des zionistischen Untergrundes, der entstanden war, um die illegale Einwanderung nach Palästina zu fördern und zu organisieren, in Deutschland und Österreich mit SS und Gestapo zusammenarbeiteten – mit der ausdrücklichen Absicht, diese Gebiete „judenfrei“ zu machen. Der gemeinsame Zweck vereinte selbst diese Todfeinde. SS-Hauptsturmführer Adolf Eichmann erklärte sich ohne weiteres bereit, in Österreich ein Ausbildungslager für junge Juden einzurichten, in dem sie zu Landwirten ausgebildet werden sollten, bevor sie nach Palästina eingeschmuggelt wurden.

Himmler war seit frühester Jugend glühender Antisemit, während Goebbels’ Judenhaß anerzogen war und Göring die Judenfrage eher mit grausamem Humor betrachtete. Schließlich blieb es Himmler und seinem Mitarbeiter Heydrich überlassen, das Dritte Reich von den Juden zu befreien. Die judenfeindliche Politik der Nazis, an deren Festlegung Himmler maßgeblich beteiligt war, führte von staatlich geförderter Massenauswanderung über Vertreibungen und Zwangsumsiedlungen in die Ostgebiete zur 1940 beginnenden „Endlösung“ aus Sklavenarbeit und Völkermord. Himmler erkannte von Anfang an, daß die jüdische Frage äußerst sorgfältig untersucht werden müsse, und ernannte deshalb den arbeitslosen Handelsvertreter Adolf Eichmann zu seinem „Spezialisten“ für Judenfragen.

Eichmann, ein geborener Deutscher, war in Linz/Oberösterreich bei einer sehr strengen Stiefmutter aufgewachsen. Er war ein schwächlicher Junge gewesen, ein Protestant in katholischer Umgebung, in der Schule unglücklich und deshalb nicht sonderlich gebildet, als junger Mann häufig arbeitslos. Nachdem er endlich seine Zuflucht in der SS gefunden hatte, kam er als SS-Rottenführer (Obergefreiter) zu Heydrichs SD und machte sich daran, sich ein flüchtiges „Fachwissen“ in Judenfragen anzueignen. Er begann sogar, Hebräisch zu lernen, und machte eine kurze Palästinareise. Das war etwa im Jahre 1934, als Eichmann 28 Jahre alt war.

Im Jahre 1938 hatte Eichmann es bereits zum SS-Hauptsturmführer (Hauptmann) gebracht und war als Judenreferent des Inspekteurs der Sicherheitspolizei und des SD in Wien für die Forcierung der jüdischen Auswanderung zuständig – aber er war „kein Antisemit“, wie er viele Jahre nach dem Krieg aussagte. „Ich bin nur politisch gegen die Juden gewesen“, beteuerte er, „weil sie uns die Lebensgrundlagen geraubt haben.“ Eichmann bezeichnete sich sogar als Zionist, der den Juden „einen festen Boden unter den Füßen“ verschaffen wollte. „Ich bin ein glühender Nationalist gewesen“, sagte er während des Prozesses gegen ihn in Jerusalem aus, „ich habe die Juden als Gegner betrachtet – aber nicht als Gegner, die vernichtet werden mußten.“ Unter Eichmanns Leitung erreichte die „Zentralstelle für jüdische Auswanderung“, daß in den eineinhalb Jahren zwischen dem Anschluß Österreichs im März 1938 und Kriegsausbruch rund 100000 Juden das Land verließen.

Tatsächlich hatte der österreichische Anschluß bewiesen, wie hervorragend die SS unterdessen organisiert war. Himmler, der eine neue feldgraue Uniform trug und von seinem aus Spezialisten bestehenden Stab begleitet wurde, kam über Nacht mit dem Flugzeug nach Wien, um so früh wie möglich alle nützlichen Unterlagen sicherstellen und auf diese Weise Material gegen bekannte Regimegegner sammeln zu können. Österreich fiel innerhalb weniger Stunden in die Hände der Nationalsozialisten. Aus den Reihen der dortigen SS stießen neue Mitarbeiter zu Himmler – darunter auch Dr. Ernst Kaltenbrunner, der Führer der österreichischen SS.

Die gesamte SS-Prominenz schien im März 1938 in Wien versammelt zu sein: Himmler, Heydrich, Schellenberg und Eichmann. Kaltenbrunner, ein Jurist mit ausdruckslosem Gesicht und riesigen Pranken, sollte in weniger als fünf Jahren Heydrichs Nachfolger als Chef des Reichssicherheitshauptamts werden. Als Hitler und Himmler in Österreich eintrafen, gab es dort Tausende von Selbstmorden, und die Massenauswanderung österreichischer Juden wurde beschleunigt in Gang gesetzt. Innerhalb weniger Wochen kam es allein in Wien zu 79000 Verhaftungen, wie Dr. Artur Seyß-Inquart, der vor dem Anschluß ernannte nationalsozialistische österreichische Bundeskanzler, nach dem Kriege in Nürnberg zugab, wo er neben Kaltenbrunner auf der Anklagebank saß.

In der Vorkriegszeit war die nationalsozialistische Judenpolitik also darauf ausgerichtet, eine Massenauswanderung von Juden herbeizuführen. In diesem Stadium, in dem die Juden beinahe fluchtartig das Dritte Reich verließen, ohne ihren Besitz mitnehmen zu können, konnte man kaum von einem jüdischen „Problem“ für die Nationalsozialisten sprechen. Die Masse der zudem verarmten europäischen Juden lebte in Osteuropa außerhalb der deutschen Grenzen – 3,3 Mill. in Polen, 2,1 Mill. im westlichen Rußland und etwa 1,5 Mill. in der Tschechoslowakei, Ungarn und Rumänien. Im September 1939 gab es im Dritten Reich nur noch etwa 280000 Juden.

Die systematische Judenvernichtung durch die SS setzte erst ein, als die Nazis durch die Besetzung Polens und der westlichen Sowjetunion plötzlich etwa sechs Millionen Juden unter ihre Herrschaft brachten – zehnmal mehr, als es je in Deutschland gegeben hatte, und zwanzigmal mehr, als dort bei Kriegsausbruch gelebt hatten. Da in den Augen der NS-Ideologen auch die Slawen eine minderwertige Rasse darstellten, schien die „Endlösung“ dieses „rassischen“ Problems nur aus verbrecherischen Massenvernichtungen bestehen zu können. Diese Aufgabe übertrug Hitler dann der SS, die ihm dafür besonders geeignet erschien.

Während der Kriegsvorbereitungen bemühte Himmler sich um eine Verbesserung seiner Position. Er hatte die militärischen Ambitionen seiner Jugend nie ganz zurückgestellt, aber er mußte bis 1945 warten, bevor Hitler endlich seinem Drängen nachgab und ihm für kurze Zeit den Oberbefehl über Heeresgruppen an der West- und später auch an der Ostfront übertrug, wo Himmler dann eine katastrophale und geradezu lächerliche Vorstellung als Heerführer gab.

Im Jahre 1938 fanden die Spannungen zwischen Himmler und dem Oberkommando der Wehrmacht (OKW) jedoch ihren Ausdruck in den schäbigen Tricks, mit denen der Reichskriegsminister, Generalfeldmarschall Werner von Blomberg, und der Oberbefehlshaber des Heeres, Generaloberst Freiherr Werner von Fritsch, aus ihren Ämtern entfernt wurden, weil sie Hitler im Weg standen. Blomberg fiel in Ungnade, nachdem er eine ehemalige Prostituierte geheiratet hatte, deren Polizeiakte erst nach der Trauung auftauchte, bei der Hitler und Göring die Trauzeugen gewesen waren. Noch direkter beteiligt war die Gestapo an den Intrigen gegen Fritsch, der aufgrund der Aussage eines einzelnen Zeugen aus Ganovenkreisen fälschlich beschuldigt wurde, homosexuell zu sein und seit 1935 von einem Vorbestraften erpreßt zu werden.

Die Generalität war über diese Machenschaften so empört, daß sie ein Ehrengerichtsverfahren zur Untersuchung des Falles Fritsch durchsetzte. Göring war Vorsitzender des Ehrengerichts, und wenn die Verhandlung nicht durch die dramatischen Ereignisse während des österreichischen Anschlusses unterbrochen worden wäre, hätte es der Wehrmacht gelingen können, die Methoden anzuprangern, mit denen die Gestapo im Falle Fritsch Belastungsmaterial gefälscht hatte, und so Himmler und Heydrich bloßzustellen.

Aber daraus wurde nichts: Göring kürzte das Verfahren ab, erklärte Fritsch für vollständig rehabilitiert und bewahrte die Gestapo dadurch vor unangenehmen Enthüllungen, daß er behauptete, alles sei auf ein bedauerliches Mißverständnis zurückzuführen. Der zutiefst enttäuschte Fritsch zog sich ins Privatleben zurück und verübte im September 1939 buchstäblich Selbstmord, indem er sich an der Front in Polen bewußt dem feindlichen Feuer aussetzte.

Himmler war jedoch durchaus darauf vorbereitet, bei einem möglichen Kriegsausbruch in Aktion zu treten. In Nürnberg wurden Beweise dafür vorgelegt, daß im Jahre 1938 insgeheim aufgestellte SS-Einheiten – Vorläufer der mörderischen Einsatzgruppen, die später die Vernichtungsaktionen in Polen und Rußland durchführten – bereitstanden, um hinter der Wehrmacht in die Tschechoslowakei einzumarschieren, die rückwärtigen Gebiete von Widerstandskämpfern zu säubern und alle Juden und Kommunisten zu liquidieren. Wie sich dann zeigte, wurden diese ursprünglichen Einsatzgruppen damals noch nicht benötigt.

Als Folge des Münchner Abkommens kam das Sudetenland auf friedliche Weise zu Deutschland, während die Besetzung Böhmens und Mährens im Jahr darauf sowie die Errichtung eines Protektorats in der Slowakei ebenso „friedlich" verliefen.

Im Sudetenland hatte Himmler sich an die Spitze des von Konrad Henlein aufgestellten sudetendeutschen Freikorps stellen wollen, falls es zu Kämpfen gekommen wäre. Dieser Versuch mißlang jedoch, und das Freikorps wurde neutralisiert. Aber Karl Hermann Frank, einer der Freikorpsführer, wurde Himmlers dortiger SS- und Polizeichef und nahm seine Interessen im Sudetenland wahr.

Zu Beginn des Zweiten Weltkrieges erhielt Himmler Gelegenheit, durch das nach ihm benannte „Unternehmen Himmler" gegen den Rundfunksender Gleiwitz einen Vorwand für den deutschen Angriff auf Polen zu liefern. Die Ausführung dieses angeblichen Grenzzwischenfalls, den der Gestapochef Heinrich Müller geplant hatte, wurde SS-Sturmbannführer Alfred Naujocks übertragen, einem skrupellosen Abenteurer, der dann 1944 zu den Amerikanern überlief. Mit Hilfe einiger polnischer Uniformen und einiger Häftlinge aus Konzentrationslagern sollte vorgetäuscht werden, Polen habe den Krieg gegen Deutschland mit einem Überfall auf den Rundfunksender Gleiwitz begonnen.

Die Toten und Sterbenden lagen in polnischen Uniformen da, um von Kriegsberichterstattern und Pressefotografen fotografiert zu werden. Die KZ-Häftlinge waren als „Konserven“ angeliefert worden; sie erhielten tödlich wirkende Injektionen von einem SS-Arzt und wurden dann durch Schüsse „verwundet“. Das waren die Hintergründe eines der Grenzzwischenfälle, mit denen Hitler seinen erbarmungslosen Blitzkrieg gegen Polen rechtfertigte – einen kaum drei Wochen dauernden Feldzug.

Die SS im Kriege

In weit größerem Ausmaß als Österreich oder auch das Protektorat Böhmen und Mähren wurde Polen zu einem Prüfstein für die Gründlichkeit der nationalsozialistischen Besetzung und die gewaltsame Errichtung eines fremden Polizeistaates. Die Polen waren ein stolzes, um nicht zu sagen wehrhaftes Volk, das sich vergeblich bemühte, mit seinen altmodischen, längst überholten Verteidigungsmethoden Hitlers hochmoderne, motorisierte Armeen mit ihren Bombern am Himmel und ihren Panzern im Gelände aufzuhalten.

Die deutschen Panzerdivisionen stießen rasch nach Polen hinein; sie konnten nirgends aufgehalten werden, wenn man von dem erbitterten Endkampf um Warschau absieht. Der militärische Zusammenbruch Polens bedeutete nicht automatisch das Ende des polnischen Widerstandes, aber das Land, das schon viel erduldet hatte und dessen Grenzen seit Jahrhunderten umstritten gewesen waren, befand sich wieder einmal in der Gewalt eines grausamen Eroberers. Oder vielmehr in der Gewalt zweier Eroberer, denn in den Geheimklauseln ihres am 23. August 1939 abgeschlossenen Nichtangriffsabkommens hatten das nationalsozialistische Deutschland und die kommunistische Sowjetunion, diese beiden ideologischen Todfeinde, sich vor Hitlers Überfall auf Polen über die Aufteilung des polnischen Gebiets verständigt.

Die östlichen Gebiete wurden von den Russen besetzt, während Deutschland sich die westlichen Gebiete einverleibte; der Mittelteil erhielt die Bezeichnung „Generalgouvernement“ und unterstand Dr. Hans Frank, einem 39jährigen Juristen, der zu den NS-Intellektuellen zählte und seit 1933 als einer von Hitlers wichtigsten Rechtsberatern fungiert hatte.

Polen erlebte das erste Großunternehmen, das die SS im Zweiten Weltkrieg durchführte, denn ihr – nicht der Wehrmacht – fiel die Aufgabe zu, das Land zu „säubern“ und zu beherrschen. Daß Hitler die polnischen Grenzen radikal verändern würde, so daß der Warthegau, die frühere Provinz Posen, wieder zum Reich gehörte und die Landverbindung zu Ostpreußen wiederhergestellt wurde, war zu erwarten gewesen.

Franks Generalgouvernement, das er von Krakau aus verwaltete, reichte bis Warschau und umfaßte etwa ein Viertel des ursprünglichen polnischen Staatsgebiets, in dem rund ein Drittel der polnischen Bevölkerung lebte. Auf diese Weise herrschte der deutsche Generalgouverneur über etwa zwölf Millionen Menschen.

Frank übernahm seine neue Aufgabe als Generalgouverneur in Polen im Oktober 1939 nach einem in aller Eile geführten Zehnminutengespräch mit Hitler, der ihn dabei in seine neue Aufgabe einwies. Sein 42bändiges Tagebuch, in dem Frank die Ereignisse während seiner Gewaltherrschaft mit nahezu hysterischem Größenwahn festhielt, diente als Beweismaterial gegen ihn, als er in Nürnberg angeklagt wurde. Dort veranlaßte seine labile Persönlichkeit ihn dazu, vor Gericht den reumütigen Sünder zu spielen.

Als Frank in Nürnberg mit unwiderlegbaren Beweisen für die innerhalb seines Herrschaftsbereichs verübten Kriegsverbrechen (die Vernichtungslager Treblinka, Belzec und Lublin-Maidanek lagen im Generalgouvernement; Auschwitz gehörte nicht mehr dazu) konfrontiert wurde, verfiel er auf die Ausrede, mit der sich fast alle vor Gericht gestellten Nazigrößen herauszureden versuchten: Er habe von Himmlers Anordnungen und dem Treiben der SS nichts gewußt. Frank behauptete, die SS habe völlig selbstherrlich gehandelt und sich geweigert, Auskunft über die Ereignisse in den von ihr beanspruchten und abgeriegelten Gebieten zu geben.

„Ich bin nie in Maidanek, Treblinka oder Auschwitz gewesen“, beteuerte Frank in Nürnberg. Trotzdem ging aus seinen Tagebucheintragungen hervor, daß er mit den von der SS ergriffenen Maßnahmen durchaus einverstanden war. Beispielsweise hielt er seine eigenen Ausführungen während einer „Kabinettsitzung“ im Dezember 1941 fest, in der er seinen Mitarbeitern erklärt hatte, was die Juden betreffe, wolle er ihnen ganz offen sagen, daß sie auf die eine oder andere Weise beseitigt werden müßten.

Frank gab auch zu, daß er wisse, daß viele der gegenwärtig im Reich gegen die Juden ergriffenen Maßnahmen kritisiert würden, aber er forderte seine Untergebenen auf, sich mit ihm auf die Formel zu einigen, daß für sie prinzipiell nur Mitleid mit dem deutschen Volk und sonst niemand auf der Welt in Frage komme, weil auch andere Völker in der Vergangenheit kein Mitleid mit den Deutschen gehabt hätten. Als alter Nationalsozialist müsse er sagen, daß dies alles nur ein halber Erfolg sei, wenn das gesamte Judentum überlebe, während das Deutschtum sein bestes Blut vergossen habe, um Europa zu retten.

Seine eigene Einstellung den Juden gegenüber sei deshalb lediglich von der Erwartung geprägt, daß sie eines Tages zwangsläufig verschwinden würden. Sie müßten vernichtet werden. Der Generalgouverneur forderte die Anwesenden auf, sich von jeglichem Mitleid freizumachen. Es gehe darum, den Juden auszurotten, wo er zu finden und wo dies möglich sei, um dadurch die Struktur des Reiches als ganzes zu erhalten und in Zukunft zu sichern.

Während des Krieges hatte die SS vor allem den Auftrag, das durch weitere Eroberungen vergrößerte Reich des Herrenvolkes von allen Personen zu befreien, die ihm gefährlich werden konnten – erstens von Gegnern in den eigenen Reihen, von rebellierenden Deutschen und Widerstand leistenden Arbeitern; zweitens von Männern und Frauen der Widerstandsbewegungen in besetzten Ländern, wobei es keine Rolle spielte, ob die Widerstandskämpfer politisch links oder rechts standen; drittens von allen Unerwünschten, zu denen insbesondere Juden, Zigeuner und Slawen gehörten. Als 1941 der Krieg gegen die Sowjetunion begann, sollten auch alle erkannten politischen Kommissare und kommunistischen Funktionäre als Träger des russischen Widerstandswillens beseitigt werden. Diese Aufgaben fielen Himmler und Heydrich zu.

Die tatsächlichen Geheimbefehle oder Anordnungen, die zu dem Völkermord im Osten führten, lassen sich bis zum Jahre 1941 zurückverfolgen; ihre endgültige Form erhielten sie erst auf der sogenannten Wannsee-Konferenz vom 20. Januar 1942, auf der Heydrich die geplanten Maßnahmen erläuterte. Die nationalsozialistische Politik war stets zweckbestimmt und opportunistisch, die NS-Größen ließen sich bei ihren Entscheidungen von im jeweiligen Augenblick zutreffenden Zweckmäßigkeitserwägungen leiten – obwohl hinter allem, was sie taten, Hitlers in *„Mein Kampf"* geschilderter Traum von einem germanischen Großreich stand.

Solange es reiche Juden, die man ausplündern konnte, und Möglichkeiten zu einer erzwungenen Massenauswanderung gab, waren die Nazis offenbar durchaus damit zufrieden, die Reichtümer zu beschlagnahmen und die Juden ausreisen zu lassen. Als die Auswandererrouten nach Kriegsausbruch zum größten Teil gesperrt waren, während den Deutschen andererseits erheblich mehr Juden und andere unerwünschte Personen als bisher in die Hände fielen, mußten andere Methoden zu ihrer Beseitigung angewendet werden. Die Unerwünschten sollten durch Strafaktionen vermindert werden, was offenbar keine Aufgabe für die Wehrmacht war (die in vielen Abschnitten noch genügend soldatisches Ehrgefühl besaß, um sich über Massenerschießungen entsetzt zu zeigen, obwohl es einzelne Soldaten gab, die sich mit ihrer Kamera als Voyeure betätigten), sondern von den eigens ausgebildeten, zu besonderer Härte verpflichteten Mördern in Himmlers Einsatzgruppen besorgt wurde, die ihre Arbeit als einen Akt nüchterner Pflichterfüllung dem Staat gegenüber betrachteten. Lange bevor durch Geheimbefehle die ersten Vernichtungslager eingerichtet wurden, trat die SS in Gebieten, in denen die Besetzten besonders starken Widerstand leisteten, im Namen der Sicherheit des Reiches zu Strafaktionen und Massenerschießungen an.

Um zu verstehen, wann und wo es zu solchen Verbrechen gegen die Menschlichkeit kommen konnte, müssen wir uns darüber im klaren sein, wie die Nationalsozialisten die besetzten Gebiete einteilten und verwalteten. Hitlers Eroberungsdrang war in *„Mein Kampf“* recht deutlich dargestellt und hätte ab Ende der zwanziger Jahre von jedermann nachgelesen werden können: „Wir Nationalsozialisten müssen unverrückbar an unserem außenpolitischen Ziele festhalten, nämlich dem deutschen Volk den ihm gebührenden Grund und Boden auf dieser Erde zu sichern ... Wir setzen dort an, wo man vor sechs Jahrhunderten endete. Wir stoppen den ewigen Germanenzug nach dem Süden und Westen Europas und weisen den Blick nach dem Land im Osten.“

Und an anderer Stelle hatte Hitler geschrieben: „Sorgt dafür, daß die Stärke unseres Volkes ihre Grundlagen nicht in Kolonien, sondern im Boden der Heimat in Europa erhält. Haltet das Reich nie für gesichert, wenn es nicht auf Jahrhunderte hinaus jedem

Sprossen unseres Volkes sein eigenes Stück Grund und Boden zu geben vermag. Vergeßt nie, daß das heiligste Recht auf dieser Welt das Recht auf Erde ist, die man selbst bebauen will, und das heiligste Opfer das Blut, das man für diese Erde vergießt."

Hitler sah sich als der dritte große Einiger des deutschen Volkes nach Karl dem Großen und Bismarck – daher die Bezeichnung „Drittes Reich" für sein Regime. Seine ersten „Eroberungen" machte er durch Tauschgeschäfte mit altmodischen Diplomaten, die ihn verachteten, bis sie merkten, daß er sie überlistet und sein Ziel erreicht hatte, ohne deswegen Krieg führen zu müssen. Sobald er kriegsbereit war, bekämpfte er seine altmodischen Gegner mit modernen Blitzkriegsmethoden und erweiterte sein Reich durch zwei Drittel Polens, die seine Armeen erobert hatten. Damit herrschte er über zwei völlig fremde Staaten: die Tschechoslowakei und Polen.

Aus verwaltungstechnischen Gründen wurden die annektierten Gebiete wie das Reich selbst in Gaue unterteilt, an deren Spitze Gauleiter standen. In Polen wurden diese eingedeutschten Gebiete von unerwünschten, nichtdeutschen Bewohnern geräumt und mit deutschen Familien besiedelt, die aus Ostpolen und dem ebenfalls russisch besetzten Baltikum kamen. Die nicht annektierten Gebiete wurden zu „Protektoraten", die drei verschiedenen deutschen Stellen unterstanden: einem zivilen Generalgouverneur (wie Frank in Mittelpolen, dem Generalgouvernement), einem Wehrmachtsbefehlshaber und einem Höheren SS- und Polizeiführer (dem auch die Gestapo unterstand). Als die Deutschen nach Norden und Westen vorstießen und Staaten besetzten, die vor allem strategischen Wert besaßen, übernahm den Oberbefehl im allgemeinen ein Heeresgeneral. Aber wie Staaten wie Norwegen, Frankreich und Belgien zu ihrem Leidwesen erfahren sollten, verblieb die eigentliche Kontrolle des Lebens der Zivilbevölkerung bei SS und Gestapo.

Hitler bezeichnete sein europäisches Reich als den Beginn der „Neuordnung" Europas, und der Status der besetzten Gebiete war von Land zu Land unterschiedlich. Die „Protektorate" wie Böhmen und Mähren sowie die Slowakei waren Marionettenstaaten unter direkter deutscher Herrschaft. Andere Staaten behielten scheinbar mehr Freiheit und wurden von eigenen Marionettenregierungen verwaltet – zum Beispiel der Regierung Quisling in Norwegen oder der Vichy-Regierung in Mittel- und Südfrankreich.

Andere Staaten wie Belgien behielten ihre gewohnte Verwaltung, die jedoch unter deutscher Kontrolle stand. In Staaten wie Dänemark, dessen Bürger Hitler für rassisch eng mit den Deutschen verwandt hielt und von denen er hoffte, sie würden eines Tages mit den Deutschen gemeinsame Sache machen, war das NS-Regime verhältnismäßig menschlich. SS-Brigadeführer Dr. Werner Best, der dort eingesetzte Reichskommissar, erwies sich als einer der vernünftigsten Statthalter – ganz im Gegensatz zu Hans Frank in Polen, Erich Koch in der Ukraine und Alfred Rosenberg, dem Reichsminister für die besetzten Ostgebiete. Alle diese Gebiete waren jedoch –

wenn auch in unterschiedlichem Grade – Polizeistaaten.

Sobald Hitlers Soldaten ein Land besetzt hatten, mißachtete er die Bestimmungen der zum Schutz besiegter Völker in Kriegszeiten aufgestellten Haager Landkriegsordnung. Als Signatarstaat dieses Abkommens hätte Deutschland sich theoretisch an die Klauseln, in denen die Rechte der Bevölkerung besetzter Gebiete festgelegt waren, halten müssen. Hitler wäre verpflichtet gewesen, die Bürgerrechte der einheimischen Bevölkerung zu achten, sich nicht an dem Eigentum der Besiegten zu vergreifen (das selbst dann ihr Eigentum blieb, wenn es requiriert wurde) und das bisherige Steuersystem beizubehalten, wobei die erhobenen Steuern lediglich zur Deckung der Verwaltungs- und Besatzungskosten hätten dienen dürfen. Darüber hinausgehende Maßnahmen waren nicht nur Diebstahl am einzelnen Bürger und seinem Staat, sondern beraubten die Einheimischen auch ihrer grundlegenden Bürgerrechte.

Für Hitler bedeuteten Grenzen nichts, wenn er es für vorteilhaft hielt, sie zu verrücken. Österreich, das Sudetenland und der Warthegau waren nicht die einzigen Gebiete, die in das neue, größere Deutschland eingegliedert wurden. Ihnen folgten die belgischen Gebiete Eupen, Malmédy und Moresnet (Juli 1940) sowie Danzig und Memel, die vor 1918 alle zu Deutschland gehört hatten. Auch Elsaß-Lothringen und Luxemburg wurden mehr oder weniger offen ins Großdeutsche Reich eingegliedert.

Mit der Verkündung dieser Veränderungen stellte

sich sofort die Frage nach der Staatsbürgerschaft der Einwohner der betreffenden Gebiete. Die dort lebenden Deutschstämmigen wurden zu deutschen Staatsbürgern ernannt, sobald sie ihre Abstammung nachgewiesen hatten. Andere „bewährte" Bürger, die bedauerlicherweise keine Volksdeutschen waren, wurden zu Staatsangehörigen und erhielten damit eine Art Staatsbürgerschaft zweiter Klasse gemäß Hitlers Ausführungen in *„Mein Kampf"*: „Der völkische Staat teilt seine Bewohner in drei Klassen: in Staatsbürger, Staatsangehörige und Ausländer."

Die übrigen Bewohner dieser eingegliederten Gebiete verloren jedoch alle bisherigen Rechte; sie konnten nichts Besseres tun, als in die noch nicht besetzten Gebiete ihres Vaterlandes überzusiedeln. Juden wurden selbstverständlich über Nacht ebenso staatenlos wie die Emigranten, die Deutschland vor Kriegsausbruch verlassen hatten.

Der Winter 1939/40 war ungewöhnlich streng. Am 9. Oktober 1939 ordnete Himmler an, daß etwa eine halbe Million Juden und minderwertige Slawen aus dem eingegliederten Warthegau umzusiedeln seien, um Platz für rund 250000 Deutsche zu schaffen, die aus den russisch besetzten Gebieten Ostpolens und den ebenfalls von den Russen besetzten baltischen Staaten ins Reich heimkehren sollten. Diese Umsiedlungsaktion war Bestandteil des geheimen Zusatzprotokolls zum deutsch-sowjetischen Nichtangriffspakt vom 23. August 1939.

Die mitten im Winter durchzuführende riesige Umsiedlungsaktion stand unter der höchst unfähigen

Leitung von Richard Walther Darré, Himmlers ursprünglichem Mentor, der Himmler gelehrt hatte, kompromißlos radikal zu sein. Darrés Anordnungen wurden ständig durch die sich teilweise überdeckenden Befugnisse von Frank im Generalgouvernement und der SS-Führer in den betreffenden Gebieten behindert – Friedrich-Wilhelm Krüger, SS-Obergruppenführer in Krakau, und der österreichische SS-Gruppenführer Odilo Globocnik, ein Alkoholiker, den Himmler schließlich wegen Diebstahls und Erpressung ablösen lassen mußte, in Lublin.

Darré war diesen skrupellosen Männern gegenüber, die zum erstenmal absolute Befehlsgewalt über große Massen von Menschen genossen, fast hilflos.

Die erste Aufgabe der SS bestand aus der „Umsiedlung" der polnischen Juden aus den Reichsgauen in Gettos innerhalb des Generalgouvernements. Der freigemachte polnisch-jüdische Besitz wurde bis zur Übergabe an deutsche Siedler von der Haupttreuhandstelle Ost (HTO) verwaltet.

„Unser Ziel ist die Germanisierung des Ostens", sagte Himmler, „nicht in dem alten Sinne, daß wir den dort lebenden Menschen die deutsche Sprache und deutsche Gesetze bringen, sondern indem wir dafür sorgen, daß im Osten nur Menschen rein deutschen, germanischen Blutes leben."

Am 21. September 1939 hatte Heydrich den Einsatzgruppen in einem Befehl vier klare Aufträge erteilt: Die Juden sollten so rasch wie möglich in den Städten konzentriert werden; die Juden aus dem Reichsgebiet sollten nach Polen gebracht werden; die noch verbliebenen 30000 Zigeuner sollten ebenfalls nach Polen umgesiedelt werden; die Juden in den deutschen Gebieten (d. h. in den einstmals polnischen Gebieten) sollten systematisch mit Güterzügen deportiert werden.

Diese Umsiedlungsaktionen fanden in größtem Maßstab statt und begannen nach einigen Verzögerungen im Dezember 1939. Etwa 250000 Polen und Volksdeutsche aus den baltischen Staaten und den sowjetisch besetzten Gebieten Ostpolens sollten in das dem Reich eingegliederte Westpolen umgesiedelt werden. Gleichzeitig wurde eine halbe Million Juden aus Westpolen ins Generalgouvernement transportiert, so daß dort nun etwa zwei Millionen Juden lebten, während die restlichen 1,3 Millionen vorerst unter sowjetischer Herrschaft blieben. Sie würden später an die Reihe kommen. Diese plötzliche Vermehrung Unerwünschter im Winter 1939/40 gab in Wirklichkeit den Anstoß zur bewußten Erhebung des Völkermordes zu einem Mittel nationalsozialistischer Politik.

Nahezu eine halbe Million Juden wurde in dem riesigen, von der Stadt durch eine hohe Mauer abgetrennten Warschauer Getto zusammengepfercht, während die übrigen in anderen Gettos und in den Wintermonaten improvisierten Lagern untergebracht waren. Kein Jude erhielt eine normale Arbeitserlaubnis, obwohl es möglich war, für bestimmte Arbeiten Juden aus dem Getto zu beschäftigen. Da die unter gräßlichen Bedingungen Zusammengepferchten nicht einmal Anspruch auf die knappen Lebensmittelzuteilungen nichtjüdischer Polen hatten, starben die Schwächeren schon bald ohne Einwirkung von außen weg.

Raul Hilberg, der führende Sachkenner auf dem Gebiet der nationalsozialistischen Judenvernichtung, schätzt die Zahl der auf diese Weise in Polen Verhungerten auf über eine halbe Million. Allein im Warschauer Getto starben im Jahre 1941 44630 Menschen, während es im Jahre 1942, dem Jahr vor dem heldenhaften bewaffneten Widerstand bei der Liquidierung des „jüdischen Wohnbezirks" durch die SS, durchschnittlich 5000 Todesfälle im Monat gab. Im Oktober dieses Jahres bewohnten etwa 60000 Juden die 300000 Quadratmeter, auf die das Getto inzwischen verkleinert worden war; der nicht arbeitsfähige Teil der Gettobewohner war bereits in Vernichtungslager abtransportiert worden, während korrupte SS-Führer jüdische Arbeiter an ebenso korrupte Geschäftsleute vermieteten und so der Rüstungsindustrie entzogen, in der die überlebenden Juden als Arbeitssklaven hätten eingesetzt werden sollen. Von den etwa 100000 Bewohnern des Gettos in Litzmannstadt (Lodz) starben von Mai 1940 bis Juni 1942 rund 30000.

Die SS probte in Polen offenbar die Rolle, die sie im Rahmen zukünftiger deutscher Eroberungsfeldzüge zu spielen gedachte, und setzte ihre zuverlässigen Helfer und Kollaborateure für die ersten (und schlimmsten) Phasen dieses Vorhabens ein. Die Umsiedlungsaktion scheint durch eine Kombination aus Stoßtrupps der SS-Totenkopfverbände – insgesamt etwa 7400 Mann – mit Heydrichs Einsatzgruppen und in die SS übernommenen deutschen Polizeibeamten durchgeführt worden zu sein.

Im Juli 1940 umriß Heydrich in einer Aktennotiz die Tätigkeit seiner Einsatzgruppen und schilderte die Schwierigkeiten, auf die sie gestoßen waren – in manchen Fällen durch den von deutschen Kommandeuren geleisteten Widerstand – und die sich seiner Auffassung nach bei der weiteren Eroberung des Ostens nicht wiederholen durften.

In allen früheren Fällen – Österreich, Sudetenland, Böhmen und Mähren – seien polizeiliche Einsatzgruppen in Übereinstimmung mit einem speziellen Führerbefehl mit den einmarschierenden Truppen eingerückt; in Polen seien sie mit der kämpfenden Truppe vorgegangen. Aufgrund ihrer Vorarbeit seien sie durch Verhaftungen, Beschlagnahmen und Sicherstellung wichtigen politischen Materials in der Lage gewesen, speziell den dem Reich feindlich gegenüberstehenden weltweiten Bewegungen systematisch schwere Schläge zuzufügen. Als Führungskräfte dieser Bewegungen nannte er ausdrücklich Emigranten, Freimaurer, Juden und das politisch feindselige kirchliche Lager.

Die Zusammenarbeit mit der Truppe unterhalb der Stabsebene und in vielen Fällen auch mit Heeresstäben sei im allgemeinen gut gewesen, fuhr Heydrich fort; andererseits hätten viele Kommandeure eine grundsätzlich andere Einstellung zur allgemeinen Unterdrückung von Staatsfeinden an den Tag gelegt. Diese Haltung habe zu Reibungen geführt und sogar

Gegenbefehle ausgelöst, mit denen die politischen Maßnahmen des Reichsführers-SS durchkreuzt worden seien. Wie Heydrich ergänzte, seien die Weisungen für die polizeiliche Tätigkeit außerordentlich weitreichend gewesen; zum Beispiel sei die Liquidation der polnischen Führungsschicht mit Tausenden von Personen befohlen worden. Solche Befehle könnten natürlich nicht bis hinunter zu Truppenkommandos oder Stabsoffizieren bekanntgegeben werden, so daß für Uneingeweihte der Eindruck entstanden sei, das Vorgehen von Polizei und SS sei willkürlich, brutal und nicht durch Befehle gedeckt gewesen.

Himmler war zutiefst bekümmert wegen der Aufgaben, die auf seine SS zukamen – aber sein Mitgefühl galt den Männern, die Umsiedlungs- und Ausrottungsaktionen durchführen mußten, nicht den Opfern dieser Maßnahmen. In einer Rede, die er im Jahre 1943 in Charkow vor den Offizieren dreier SS-Divisionen hielt, sprach er erneut von der schwierigen Tätigkeit, die diese loyalen SS-Männer im Namen aller Deutschen auf sich genommen hätten, und erläuterte, weshalb weiter so vorgegangen werden müsse, um Europa zu säubern: „Genau dasselbe hat bei 40 Grad Kälte in Polen stattgefunden, wo wir Tausende und Zehntausende und Hunderttausende wegtransportieren mußten, wo wir die Härte haben mußten – Sie sollen das hören und sollen das aber auch gleich wieder vergessen –, Tausende von führenden Polen zu erschießen ... Meine Herren, es ist bedeutend leichter in vielen Fällen ... mit einer Kompanie ins Gefecht zu gehen, als mit einer Kompanie in irgendeinem Gebiet eine widersetzliche Bevölkerung kulturell tiefstehender Art niederzuhalten, Exekutionen zu machen, Leute herauszutransportieren, heulende und weinende Frauen wegzubringen."

Sobald die Deutschen von eroberten Gebieten Besitz ergriffen, entstand eine komplizierte Situation, deren Auswirkungen je nach dem Grad der Besetzung, unter dem die Zivilbevölkerung leben mußte, und der Strenge der deutschen Herrschaft ganz verschieden sein konnten. Beispielsweise war es etwas völlig anderes, statt im polnischen Generalgouvernement in Dänemark oder auf den englischen Kanalinseln zu leben. In Polen herrschte schrankenloser Terror: Zwischen der drakonischen Strenge von Franks Zivilverwaltung und den Strafaktionen von SS und Gestapo bestand für die Bevölkerung kaum ein Unterschied. Polen war zu einem Sklavenstaat geworden; die Interessen seiner Bürger waren denen ihrer Beherrscher völlig untergeordnet. Hitler wußte genau, was er mit Polen vorhatte, und sprach sich offen darüber aus. Martin Bormann notierte sich, was der Führer am 2. Oktober 1940 nach dem Abendessen in Gegenwart Franks sagte:

„Der Führer betonte ..., der Pole sei ... geradezu zu niedriger Arbeit geboren; unserem deutschen Arbeiter müßten wir alle Aufstiegsmöglichkeiten gewähren, für den Polen komme dies keinesfalls in Frage. Das Lebensniveau in Polen müsse sogar niedrig sein bzw. gehalten werden ... Der Pole (sei) von Natur aus faul und müsse zur Arbeit angetrieben werden ... Das Generalgouvernement sei unser Reser-

Zeitweilig von Göring in den Schatten gestellt, gewann Himmler schließlich die Macht über die Gestapo

Von Beginn an war die SS eine Elitetruppe; jeder Mann war auf höchste körperliche Fitneß getrimmt und auf die Nazi-Ideologie eingeschworen

Sepp Dietrich bei einer Spendensammlung

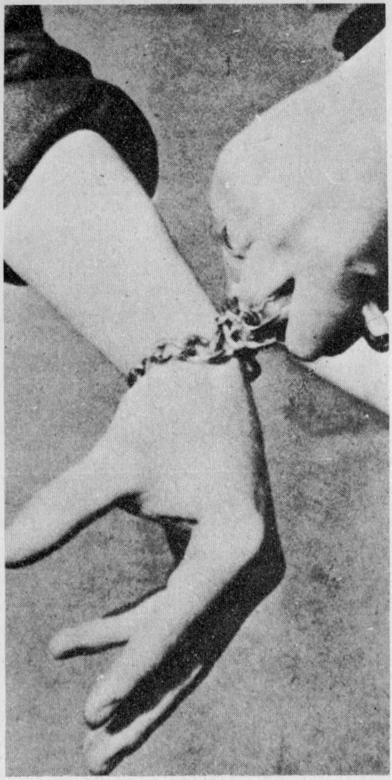

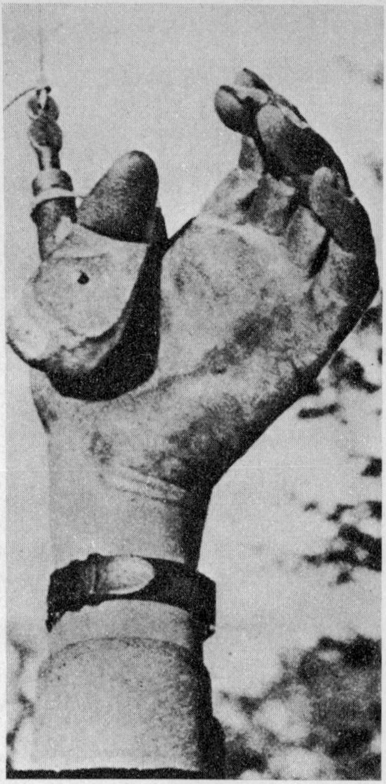

Folterwerkzeuge und -methoden der Gestapo

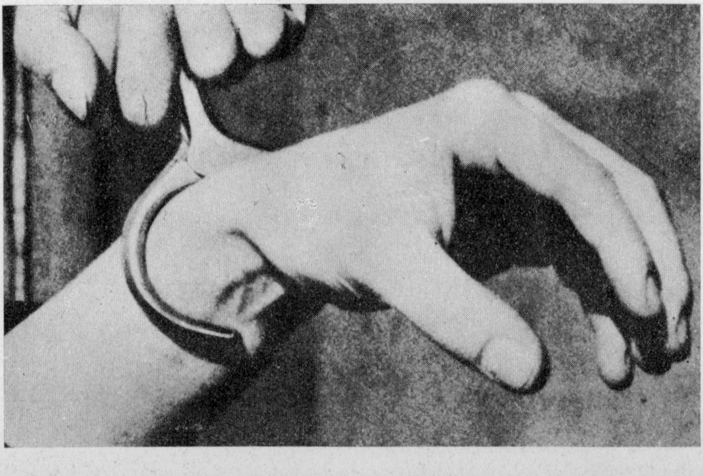

voir an Arbeitskräften für niedrige Arbeiten ... (Es sei dafür zu sorgen, daß) von dort aus wirklich alljährlich die notwendigen Arbeiter ins Reich kämen.

(Die Pfarrer) hätten zu predigen, wie wir es wünschten. Wenn ein Pfarrer dagegen handle, sei ihm kurzer Prozeß zu machen. Die Pfarrer müßten die Polen also ruhig, dumm und blöd halten.

Unbedingt zu beachten sei, daß es keine ‚polnischen Herren' geben dürfe; wo polnische Herren vorhanden seien, sollten sie, so hart das klingen möge, umgebracht werden.

... für die Polen (dürfe es) nur einen Herrn geben, und das sei der Deutsche; zwei Herren nebeneinander könne es nicht geben und dürfe es nicht geben, daher seien alle Vertreter der polnischen Intelligenz umzubringen. Dies klinge hart, aber es sei nun einmal das Lebensgesetz."

Diese Gedankengänge faßte Bormann in einer langen Denkschrift für den Generalgouverneur Hans Frank zusammen.

Im Gegensatz dazu zeigte die deutsche Militär- und Zivilverwaltung sich in Dänemark im allgemeinen von der „korrekten" Seite. Da die Dänen Stammesverwandte waren, wurden sie anfangs als *„Alliés manqués"* behandelt, d. h. als Verbündete, die sich bedauerlicherweise noch nicht dazu hatten überreden lassen, mit den Besatzern gemeinsame Sache zu machen. Sie galten deshalb als potentiell gleichberechtigt.

Nur offenener oder verborgener Widerstand stieß auf die jähe, einschneidende Strenge, die für die

Katz-und-Maus-Taktik von SS und Gestapo, gegen deren Aktionen es keinerlei Einspruchsmöglichkeiten gab, charakteristisch war. Bis August 1943 blieb Dänemark jedoch ein intakter Staat – eine konstitutionelle Monarchie in „Schutzhaft“, aber mit nach wie vor in Kraft befindlicher Verfassung. Als der Widerstand gegen das Besatzungsregime zunahm, wurde das Land schließlich doch unter Kriegsrecht gestellt. Die kleine jüdische Minderheit in Dänemark – etwa 5000 Menschen – stand unter dem besonderen Schutz von König Christian X. Insgesamt konnten die Dänen sich glücklich schätzen, 1942–45 Dr. Werner Best als Reichskommissar zu haben. Um Unannehmlichkeiten aus dem Wege zu gehen, ließ er zu, daß diese Minderheit in letzter Minute nach Schweden flüchtete.

Mit die erschreckendsten Vollmachten von SS und Gestapo in den besetzten Gebieten basierten auf dem berüchtigten „Nacht-und-Nebel-Erlaß“ Hitlers vom 7. Dezember 1941. Diese von Generalfeldmarschall Wilhelm Keitel als Chef des Oberkommandos der Wehrmacht bekanntgegebenen „Richtlinien für die Verfolgung von Straftaten gegen das Reich oder die Besatzungsmacht in den besetzten Gebieten“ erhoben eine schon bisher geübte Praxis zur offiziellen Politik: Verdächtige, in denen die Behörden eine Gefahr für die Sicherheit oder Schlagkraft des Reiches oder der Besatzungsmacht sahen, konnten „bei Nacht und Nebel“ außer Landes gebracht werden, um ein Gerichtsverfahren zu vermeiden, das neue Unruhe hätte stiften können.

Nacht-und-Nebel-Aktionen fanden vor allem in Frankreich, den Niederlanden und Belgien statt. Falls die Gestapo die Verhaftung vornahm, griff sie unweigerlich in den frühen Morgenstunden zu. Der Festgenommene wurde aus seiner Wohnung geschleppt, in ein wartendes Auto gestoßen und fortgebracht. Weder seinen Angehörigen noch anderen, die sich für ihn einsetzten, gelang es, Klarheit über sein Schicksal oder auch nur seinen Aufenthaltsort zu erlangen. Der Verhaftete wurde in Deutschland vor Gericht gestellt, falls er nicht ohne Prozeß in Gestapohaft blieb oder in ein Konzentrationslager eingeliefert wurde. Die KZ Groß-Rosen und Natzweiler wurden zur Unterbringung von „Nacht-und-Nebel"-Häftlingen bestimmt. In ihren Heimatländern gab es keine zivile oder militärische Stelle, die zu Auskünften über ihr Schicksal bereit gewesen wäre; weder Zivil- noch Militärbehörden waren dafür zuständig.

Die Hauptpunkte von Hitlers „Nacht-und-Nebel-Erlaß" lauteten:

„In den besetzten Gebieten haben mit Beginn des russischen Feldzuges kommunistische Elemente und andere deutschfeindliche Kreise ihre Angriffe gegen das Reich und die Besatzungsmacht verstärkt. Der Umfang und die Gefährlichkeit dieser Umtriebe zwingen aus Abschreckungsgründen zu schärfsten Maßnahmen gegen die Täter. Zunächst ist nach folgenden Richtlinien zu verfahren:

1

In den besetzten Gebieten ist bei Straftaten von nichtdeutschen Zivilpersonen, die sich gegen das Reich oder die Besatzungsmacht richten und deren Sicherheit oder Schlagkraft gefährden, grundsätzlich die Todesstrafe angebracht.

2

Die Straftaten des Abschnitts I sind grundsätzlich nur dann in den besetzten Gebieten abzuurteilen, wenn wahrscheinlich ist, daß gegen die Täter, mindestens aber die Haupttäter, Todesurteile ergehen, und wenn das Verfahren und die Vollstreckung der Todesurteile schnellstens durchgeführt werden können. Sonst sind die Täter, mindestens aber die Haupttäter, nach Deutschland zu bringen.

3

Täter, die nach Deutschland gebracht werden, sind dort dem Kriegsverfahren nur unterworfen, wenn besondere militärische Belange es fordern. Deutschen und ausländischen Dienststellen ist auf Fragen nach solchen Tätern zu erklären, sie seien festgenommen worden, der Stand des Verfahrens erlaube keine weiteren Mitteilungen."

Vor allem die Gestapo machte von solchen Vollmachten eifrig Gebrauch. Die Männer, die sich zur Durchführung solcher Aufträge drängten, waren im allgemeinen die mit der richtigen „Ausstrahlung", die in Uniform oder Zivil ihre drohende Erscheinung dadurch unterstrichen, daß sie Schaftstiefel und Breeches oder schwarze Ledermäntel, schwarze Handschuhe und dunkle Brillen trugen. Sie kannten wie Hitler die Wichtigkeit solcher bühnenhaften Äußerlichkeiten, wenn es darum ging, die Öffentlichkeit zu terrorisieren.

In Deutschland und den besetzten Gebieten wurden Sondergerichte eingesetzt, die Recht im nationalsozialistischen Sinne zu sprechen hatten. Dort konnte der Fall eines Bürgers willkürlich „verhandelt" werden, um mit einem offiziellen Urteil abgeschlossen zu werden. In den besetzten Ländern konnten die Verfahren vor Zivil- oder Militärgerichte kommen, und die Bürger wurden durch die Ungewißheit über die Art des Gerichts, vor dem sie sich zu verantworten hatten, ebenso terrorisiert wie durch ihre Unkenntnis der Straftaten, die ihnen dort vorgeworfen werden würden.

Geldstrafen, Beschlagnahme oder Haft, unter Umständen auch alle drei Strafen, konnten gegen sie von Männern verhängt werden, die in Militär- oder SS-Uniformen hinter den Richtertischen saßen. Die Polen lernten zu ihrem Schaden bald, was diese „Gerichte" bedeuteten, bevor die Behörden Zeit gefunden hatten, die neuesten Vorschriften und Bestimmungen durch Maueranschläge bekanntzugeben.

Besitz, Grundstücke und Waren konnten in Polen

auf der Stelle beschlagnahmt werden. Die SS nahm sich eine Stadt nach der anderen vor; alle Juden erhielten Anweisung, sich auf einem bestimmten Platz einzufinden, wo sie dann feststellen mußten, daß sie ausgeraubt werden sollten. Im Westen wurde jüdischer Besitz (falls er nicht nach Deutschland abtransportiert wurde) auch zur Belohnung von Kollaborateuren verwendet, die dann z. B. plötzlich in den Besitz eines jüdischen Geschäfts gelangten. Jüdische Firmen wurden übernommen und „arisiert", indem eine deutsche oder deutschfreundliche Geschäftsleitung eingesetzt wurde. Auf ähnliche Weise wurde die Drohung mit einer Enteignung zu einem wichtigen Druckmittel gegen die wohlhabenderen Bevölkerungsschichten. Jedenfalls konnte alles, was Deutschland möglicherweise nützen konnte, in Polen beschlagnahmt werden – bis hin zu kostbarsten Kunstwerken in öffentlichen und privaten Sammlungen. Selbstverständlich verschwanden auch Vermögenswerte in Gold, Devisen oder ausländischen Wertpapieren.

Gleichzeitig ließ sich der Kurs der Währung eines besetzten Landes durch die zwangsweise Einführung neuer, für die Reichsmark günstigerer Wechselkurse drücken, denen eine Geldwechselpflicht folgte, damit dieser Vorteil auch ausgenützt werden konnte. Soldaten, SS-Männer und deutsche Zivilisten in den besetzten Gebieten führten ein flottes Leben, weil sie die günstigen Wechselkursrelationen zwischen ihrem Besatzungsgeld und der jeweiligen Landeswährung ausnützten, und das Dritte Reich verdiente Unsummen, wenn es darum ging, weit überhöhte Besatzungskosten zu kassieren.

Noch weiter verschlimmert wurde diese Situation durch das Steuersystem. So waren die neu nach Polen kommenden deutschen Siedler von den Steuern befreit, die von Polen zu entrichten waren. Auch der Arbeitseinsatz der einheimischen Bevölkerung wurde mit Strafandrohungen erzwungen und geregelt. Die Arbeiter erhielten ein Arbeitsbuch oder Arbeitskarten und konnten nach Gutdünken der Besatzungsmacht ohne zeitliche oder räumliche Beschränkungen eingesetzt werden.

Im Generalgouvernement waren davon alle 18- bis 60jährigen betroffen; die einheimischen Arbeiter wurden auf diese Weise zu Heloten, die für Deutschland schufteten und dafür niedrigste Löhne erhielten, die meistens auf dem Vorkriegsstand eingefroren waren, während die Verbrauchsgüterpreise im Zuge der allgemeinen Inflation unaufhaltsam höherkletterten. Die einzige den Polen gestattete Weiterbildung war die berufliche Schulung für die Eisen- und Stahlindustrie und den Bergbau; die polnischen Schulen waren strikt von den besseren getrennt, die für deutsche und deutschstämmige Kinder eingerichtet wurden.

Im Westen wurde mehr oder minder starker Druck auf die jüngeren Leute ausgeübt, damit sie sich „freiwillig“ zur Arbeit in Deutschland meldeten, so daß deutsche Männer zur Wehrmacht und Waffen-SS eingezogen werden konnten. Die Freiwilligkeit dieses Exils wurde beispielsweise in Belgien aufgehoben, als ein deutscher Erlaß im März 1942 bestimmte, daß alle jungen Leute zwischen 18 und 25 Jahren zur Zwangsarbeit verpflichtet und in Deutschland eingesetzt werden konnten. In Dänemark wurde die Zwangsarbeit jedoch nie eingeführt, obwohl die dortige Wirtschaft im Laufe der Zeit zugunsten Deutschlands in Mitleidenschaft gezogen wurde. Arbeiter, vor allem polnische Arbeiter, die sich als widerspenstig erwiesen, wurden durch Entzug ihrer Lebensmittelkarten oder Verweigerung der noch existierenden Gesundheitsfürsorge oder Arbeitslosenhilfe bestraft. Die Zahl der in Deutschland eingesetzten Zwangsarbeiter erreichte ihren Höchststand mit etwa fünf Millionen Menschen. Der größte Teil dieser Fremdarbeiter kam aus Polen, aber auch Frankreich stellte 876000 Arbeitskräfte.

Die damit verbundenen vielfältigen Beherrschungsschwierigkeiten waren lediglich Wasser auf die Mühlen der SS, die nur irgendeinen Verstoß gegen irgendwelche Vorschriften zu entdecken oder zu erfinden brauchte, um einen Vorwand für willkürliche Festnahmen und Verhöre zu haben. Die Gestapo zog es im allgemeinen vor, den Schein zu wahren und zumindest einiges „Beweismaterial" zusammenzutragen, bevor sie zugriff. Sie neigte dazu, hinter einem Rauchschleier aus Dossiers und Akten zu operieren, deren Inhalt sie ihren Opfern nur mitteilte, wenn sie sich davon Vorteile versprach.

Alle diese vielfältigen Aufgabengebiete kontrollierte Himmler als Reichsführer-SS mit Heydrich als Stellvertreter. Die wichtigsten Polizeikräfte waren am 27. September 1939, nach dem Fall Polens, unter dem

Dach des neugegründeten Reichssicherheitshauptamtes (RSHA) zusammengefaßt worden. Dadurch gelangte die staatliche Kriminalpolizei unter die Kontrolle von Himmlers SS, was die Aufhebung des bisherigen Unterschiedes zwischen NSDAP-Dienststellen und Staatsbehörden bedeutete.

„Die Gestapo wurde ‚Amt IV' des Reichssicherheitshauptamtes (RSHA)", berichtet Edward Crankshaw in *„Die Gestapo"*, „die Kripo ‚Amt V', der SD (Inlandsnachrichtendienst) ‚Amt III' und der SD (Auslandsnachrichtendienst) ‚Amt VI'. Die Ämter I und II beschäftigten sich mit Personal- und Verwaltungsangelegenheiten. Außerdem gab es das ‚Amt N' (Nachrichten), die außerordentlich wichtige Versuchsabteilung, und später, als die SS sich bemühte, den Einrichtungen der Wehrmacht entsprechende Institutionen entgegenzustellen, das ‚Amt VII', das sich mit wissenschaftlicher Forschung und Auswertung befaßte und eine eigene Raketen-Versuchsstation einrichtete, die ein Gegenstück zu Peenemünde sein sollte."

Das RSHA behielt als Dienstsitz das Gebäude in der Berliner Prinz-Albrecht-Straße 8 bei. Alle RSHA-Mitarbeiter, auch die uniformierten Gestapobeamten, trugen die SD-Raute auf dem linken Unterärmel.

Das RSHA überzog ganz Deutschland und das besetzte Europa mit einem gewaltigen Spinnennetz, das sich jedoch – manchmal zum Glück für die darin Gefangenen – in sich selbst verhedderte, so daß diese Superbehörde nur langsam und schwerfällig arbeitete. Es kam zu Ermittlungspannen, während interne Machtkämpfe zu Pattsituationen führten; Akten gingen verloren, und übermäßige Bürokratisierung behinderte die Arbeit der einzelnen Ämter.

Die Gestapo, die vor dem Krieg unter Heydrichs Führung ein Netz aus etwa 21 Gestapo-Leitstellen und 37 Gestapo-Stellen aufgebaut hatte, erreichte im Jahre 1944 mit 50000 Mitarbeitern ihren höchsten Personalbestand, obwohl Kaltenbrunner, Heydrichs Nachfolger als RSHA-Chef, die Obergrenze bei 40000 Mitarbeitern ansetzen wollte, als er in Nürnberg vor dem Internationalen Militärgericht stand. Diese festen Mitarbeiter waren für Deutschland und die besetzten Gebiete zuständig und zogen überall einheimische Kollaborateure und Spitzel zu ihrer Unterstützung heran. Während des Krieges wurde die Gestapo als Amt IV des Reichssicherheitshauptamtes von Heinrich Müller geleitet, der den Spitznamen „Gestapo-Müller" trug. Beim Zusammenbruch im Mai 1945 entging Müller, dessen Laufbahn bei der politischen Polizei in München begonnen hatte, in Berlin der Festnahme und kam bei einem Ausbruchsversuch ums Leben.

Nach Himmlers Auffassung war das RSHA zur Koordinierung der vielfältigen politischen Aktivitäten notwendig, die seine weitverzweigten Unterorganisationen in den sich ständig vergrößernden besetzten Gebieten entwickelten. Mit dieser Auffassung hielt er keineswegs hinter dem Berg, sondern äußerte sie im Juni 1942 sogar unverblümt in einer detaillierten Weisung an seine Amtschefs, in der er feststellte, der Krieg habe die politische Entwicklung im Reich beschleunigt. Vor allem in bezug auf die neubesetzten Gebiete müßten ständig Entscheidungen getroffen werden, die von größter Tragweite für die zukünftige politische Entwicklung des Reiches – und deshalb vor allem auch für die SS insgesamt – seien. Himmler ermahnte seine Amtschefs, daß es ihm und ihnen als SS-Männern nur gelingen werde, die notwendigen politischen Entscheidungen mit ausreichendem Nachdruck und der notwendigen Hartnäckigkeit durchzusetzen, wenn diese Entscheidungen vollkommen zentral gefällt würden. Die erforderliche Anpassung an die jeweilige Lage sei nur sichergestellt, wenn die Entscheidung über sämtliche politischen Angelegenheiten innerhalb der SS bei einer einzigen Stelle liege.

Himmlers unersättlicher Drang, seinen Machtbereich auszudehnen, indem er ihm andere Ämter, die er unter seine Kontrolle gebracht hatte, unterstellte, zeigte sich in späteren Jahren besonders deutlich. So wurde nicht nur Canaris' Amt „Ausland/Abwehr" im Jahre 1944 in den SD integriert, sondern die Gestapo übernahm ihrerseits sogar die deutsche Grenzpolizei. Auf dem Höhepunkt dieser Entwicklung war das Gebäude in der Prinz-Albrecht-Straße 8 viel zu klein für Himmlers aufgeblähte SS-Bürokratie, deren Ämter schließlich in insgesamt 38 über ganz Berlin verteilten Gebäuden untergebracht waren.

Innerhalb eines Jahrzehnts war Himmler vom Führer der kaum 200 Mann starken Schutzstaffel zum absoluten Herrscher über alle deutschen Polizeikräfte im größten Teil Europas aufgestiegen. Er selbst unterstand nur Hitler, und im Jahre 1940, als Himmler 40 Jahre alt war, sorgte er durch einen Erlaß dafür, daß sämtliche Polizeibeamten nur noch ihm, dem Reichsführer-SS, unterstellt waren. Deshalb konnte letztlich nur Himmler veranlassen, daß Kripo- oder Gestapobeamte sich wegen dienstlich begangener Verfehlungen vor Gericht verantworten mußten – in diesen Fällen vor einem eigenen SS-Gericht unter Vorsitz eines von Himmler eingesetzten SS-Richters. Abgesehen von Hitler verfügte keine der übrigen NS-Größen über eine ähnliche Machtfülle, wie Himmler sie sich angeeignet hatte, obwohl er nach wie vor das Rampenlicht mied, wie es seine Art war.

Im August 1943 wurde Himmler auch Reichsinnenminister und übertrug sofort einen großen Teil der Aufgaben des Innenministeriums auf sein allumfassendes RSHA. Himmler genoß seine Macht im stillen. Innerlich war er ein kleiner Bürokrat und Eigenbrötler geblieben, dessen bürgerliche Gewissenhaftigkeit ihn daran hinderte, seine Position auszunützen, um Reichtümer anzuhäufen oder ein Luxusleben wie Göring zu führen. Himmler begnügte sich mit seinen Akten, seinem mit Papieren überladenen Schreibtisch und seinem Bewußtsein, ein Bürokrat mit schicksalhaften Aufgaben zu sein – der absolute Diener eines absoluten Herrschers.

Verhaftungs- und Vernehmungsmethoden der Gestapo

Hinter jeder Verhaftung durch die Gestapo stand drohend das Gespenst einer Vernehmung. Die Gestapo hatte die Aufgabe, subversive Aktivitäten, nicht gewöhnliche Straftaten, aufzudecken. Ihre Arbeitsweise unterschied sich von der bei der Kriminalpolizei üblichen. Zu den in Verbindung mit der Gestapo auftretenden scheinbaren Rätseln gehört die Frage, warum die prominenteren Mitglieder der deutschen Widerstandsbewegung gegen Hitler – seit langem als Nazigegner bekannte Persönlichkeiten wie Carl Goerdeler – nicht schon viel früher verhaftet und verhört wurden. Tatsächlich gehörte der bewußt hinausgeschobene Zugriff jedoch zu den von der Gestapo bevorzugten Methoden: Die Verantwortlichen mußten entscheiden, ob es lohnender war, einen Verdächtigen vorerst in Freiheit zu belassen und zu beschatten, oder ob mehr aus ihm herauszuholen war, wenn er in Einzelhaft genommen und pausenlos verhört wurde. Im allgemeinen herrschte die Tendenz vor, Verdächtige durch zurückhaltende Beschattung in falscher Sicherheit zu wiegen, anstatt sie schon beim ersten Hauch eines Verdachts festzunehmen.

Sobald ein Verdächtiger verhaftet und (falls er sich

in Berlin befand) in die Gestapozentrale in der Prinz-Albrecht-Straße eingeliefert worden war, war er den Vernehmungsbeamten völlig schutzlos ausgeliefert. Die Verhörmethoden der Gestapo sind in zahllosen Büchern und Filmen dargestellt worden, in denen sadistische Uniformierte ihre in Schweiß gebadeten Opfer im grellen Licht von Bogenlampen verhörten und brutalen Folterknechten mit einem Wink befahlen, die Daumenschrauben anzuziehen. Tatsächlich waren die verwendeten Methoden so unterschiedlich wie die Männer, von denen sie angewandt wurden – und so verschiedenartig, wie es der Status des jeweiligen Häftlings und die Umstände seines „Verbrechens" gegen den Staat erforderlich machten.

Beispielsweise wurde ein Häftling wie Pastor Dietrich Bonhoeffer ohne direkte Folter vernommen, aber von April 1943 bis zu seiner hastigen Hinrichtung, die im April 1945 im Konzentrationslager Flossenbürg stattfand, unter verschärften Haftbedingungen gefangengehalten. Falls der Häftling prominent war und von einer wichtigen Akte begleitet wurde, die andere Stellen zusammengetragen hatten (was bedeuten konnte, daß er unter Umständen zurücküberstellt werden mußte), hatte er bessere Aussichten, einigermaßen vernünftig und weniger bestialisch brutal behandelt zu werden, als wenn er als Unbekannter durch den Nacht-und-Nebel-Erlaß in die Hände der Gestapo geraten war. Die Gestapo war durchaus imstande, verhältnismäßig unbedeutende Leute zu verhaften, intensiv, aber ohne Folter und völlig nutzlos zu verhören und dann wieder freizulassen.

Tatsächlich kam es vor, daß Gestapobeamte aus ihren eigenen menschlichen Schwächen heraus völlig unberechenbar reagierten – sie konnten von Faulheit oder brutaler Energie befallen werden oder von sadistischen Foltermethoden zu spöttischem Humor und gespielter Jovialität übergehen. Aber in der Gestapo machte niemand Karriere, weil er sich als Menschenfreund erwiesen hatte. Ein Gestapomann, zumindest ein höherer Vernehmungsbeamter, machte nur Karriere, wenn er es verstand, Verhöre kalt und brutal zu führen. Aber selbst die Gestapo konnte vorsichtig sein und es vielleicht sogar darauf anlegen, die Vernehmungen so geschickt zu führen, daß der Widerstandswille eines Häftlings über einen langen Zeitraum hinweg ganz allmählich gebrochen wurde.

Die Vernehmungsbeamten versuchten alles, um ihr Opfer aus dem inneren Gleichgewicht zu bringen. Beispielsweise konnte eine in ruhigem Gesprächston geführte Vernehmung auf intellektueller Ebene plötzlich durch eine Schockbehandlung mit wüstem Gebrüll und Beschimpfungen unterbrochen werden.

Aber der mittelalterliche Folterknecht stand unter Umständen gleich hinter der Tür bereit. Die Vernehmungsbeamten, die ursprünglich Kriminalbeamte oder sogar Rechtsanwälte gewesen waren, folterten im allgemeinen nicht selbst. Falls es sich nicht nur um die gewöhnlichen Mißhandlungen mit den Fäusten oder dem Schlagstock handelte, zu denen jeder richtige Gestapomann selbst imstande war, blieben die wissenschaftlicheren Foltermethoden meistens Experten überlassen, denn ein Verdächtiger nützte der Gestapo selbstverständlich nur, wenn er imstande blieb, Aussagen zu machen. Häftlinge wurden nicht nur geschlagen und getreten – oft von mehreren Männern gleichzeitig –, sondern auch an den auf dem Rücken zusammengebundenen Armen aufgehängt; Finger- oder Zehennägel konnten aufgebogen oder ausgerissen werden; Häftlinge konnten mit Zigaretten verbrannt, mit Elektroschocks an empfindlichen Körperteilen mißhandelt oder mit dem Kopf in kaltes Wasser getaucht werden, bis ihre Lungen zu platzen drohten. Nachdem sie wiederbelebt worden waren, wurden sie unter Umständen sofort weitergefoltert. Auch Frauen hatten kein Mitleid von Gestapobeamten zu erwarten, sondern wurden ebenfalls ausgezogen, gedemütigt und mißhandelt, bis ihre Willenskraft erlahmte.

Außergewöhnlich intelligente und psychisch starke Häftlinge widerstanden diesen Mißhandlungen und den ihnen zugefügten Schmerzen; sie lernten sogar, sich in den Pausen zwischen wiederholten Folterungen für kurze Zeit zu entspannen. Oder sie fielen in Ohnmacht, aus der sie unter Umständen gewaltsam mit einem Eimer kaltem Wasser geweckt wurden. Den Stärksten gelang es, den Mißhandlungen zu widerstehen, wobei wahrer Widerstand bedeutete, daß der Häftling trotz aller Versuche der Gestapo, ihn zum Reden zu bringen, wichtige Informationen verschwieg.

Dr. Fabian von Schlabrendorff, der als Mitglied der deutschen Widerstandsbewegung gegen Hitler verhaftet wurde, nachdem das Attentat vom 20. Juli

1944 fehlgeschlagen war, hat die zunehmenden Mißhandlungen geschildert, denen er im Berliner Gestapo-Hauptquartier ausgesetzt war. Schlabrendorff, ein sehr mutiger und in kritischen Situationen nicht aus der Ruhe zu bringender Mann, setzte sich mit der Geschicklichkeit eines Juristen gegen die Angriffe des ihn vernehmenden Gestapobeamten Habecker zur Wehr. Er kannte die Tricks, mit denen man ihn anfangs zu täuschen versuchen würde – die angeblichen Schuldbeweise in der auf dem Schreibtisch liegenden Akte, die er nicht einsehen durfte, die Drohungen gegen seine Angehörigen und Freunde, die Vorlage falscher eidesstattlicher Aussagen etc.

In seiner Zelle war er stets darauf vorbereitet, zu jeder Tages- und Nachtzeit vor die grellen Scheinwerfer geschleppt und verhört zu werden. Schlabrendorff war an Händen und Füßen gefesselt und erhielt lediglich Hungerrationen. Aber er nahm sich eisern vor, der Gestapo nichts für sie Nützliches zu verraten; er hoffte, daß es ihm gelingen würde, eine Art Patt zu erreichen. In gewisser Beziehung mußte er versuchen, den Gestapomann Habecker kleinzukriegen.

Habeckers Vernehmungsgruppe, zu der auch eine Frau gehörte, ging schließlich zu Mißhandlungen über. Der Gestapobeamte schlug Schlabrendorff und stiftete die Frau dazu an, seinem Beispiel zu folgen. Andere Vernehmungsbeamte waren auf den Wechsel zwischen freundlichem Gesprächston und gebrüllten Beschimpfungen spezialisiert, der einen aus dem Gleichgewicht bringen konnte, wenn man nicht darauf gefaßt war und die Nerven behielt.

Schlabrendorffs Ruhe machte Habecker nur noch wütender und brachte ihn dazu, die erste richtige Folter anzuwenden: Er fesselte dem Häftling die Hände auf den Rücken und spannte seine Finger nacheinander in einen Schraubstock, der Stacheln in die Fingerspitzen trieb. Später wurde Schlabrendorff auf einem Gestell festgeschnallt, und ein größerer Schraubstock trieb Stacheln in seine Oberschenkel und Beine. Danach wurde er auf eine mittelalterliche Streckbank geschnallt, die seinen Körper langsam oder mit äußerst schmerzhaften Rucken streckte. Die Gestapobeamten setzten Schlabrendorff weiter zu, während er litt. Sobald er zusammenbrach, wurde er in seine Zelle geschafft, um sich wieder zu erholen.

Einmal war sein ganzer Körper blutbeschmiert, und er erlitt einen Herzanfall. Schlabrendorff staunte über sein eigenes Durchhaltevermögen, und als er zuletzt mit dem Gedanken an Selbstmord spielte, kam er auf die Idee, ein Geständnis zu erfinden, das keinem noch Lebenden schaden könne. Daraufhin hörten die Mißhandlungen sofort auf. Er hatte ein Geständnis abgelegt; damit war das Ziel der Gestapo erreicht. Danach mußte Schlabrendorff nur mehr erdulden, was alle seine Mithäftlinge zu ertragen hatten: Unterernährung, Tag und Nacht gefesselt zu sein und bei hellem Licht schlafen zu müssen.

Wie die SS war die Gestapo in allen von den Deutschen besetzten Gebieten Europas tätig. In seinem Buch über die Gestapo stellt Jacques Delarue vor allem die Organisation der Geheimen Staatspolizei in Frankreich dar. Im November 1942, als auch das bis dahin unbesetzte Südfrankreich besetzt wurde, weitete die Gestapo ihr Operationsgebiet auf ganz Frankreich aus. Die Gestapozentrale befand sich in Paris; zu den 17 Städten mit Gestapo-Leitstellen gehörten Bordeaux, Nancy, Rouen, Lyon, Marseille, Montpellier und der ehemalige Regierungssitz Vichy; eine Stufe tiefer folgten über 50 Gestapo-Stellen und mehr als 20 Grenzstationen und -posten. Auf diese Weise war Frankreich mit einem engmaschigen Gestaponetz überzogen, dessen aktive Agenten und Kollaborateure in alle Schichten der französischen Gesellschaft einsickerten.

Die Einsatzgruppen: von Polen nach Rußland

Wie wir gesehen haben, wurden die Einsatzgruppen gebildet, um das von den Deutschen besetzte Polen von unerwünschten Elementen zu „säubern“. Für Hitler bedeutete die Eroberung Polens einen kleinen, aber bedeutsamen Schritt auf seinem Weg zur Neugestaltung Europas unter deutscher Vorherrschaft, aber sie brachte den Nationalsozialisten auch die Verantwortung für das Schicksal vieler Millionen Menschen, die ihnen unerwünscht waren. Die Morde an nationalen, rassischen und religiösen Gruppen – später mit dem Fachwort „Genozid“ bezeichnet – wurden anfangs als Befriedungsmaßnahmen in besetzten Gebieten getarnt.

Es wäre zwecklos gewesen, diesen Auftrag der deutschen Wehrmacht übertragen zu wollen. Organisierte, kaltblütige Massenmorde sind nichts für unausgebildete Männer, für rein militärisch ausgebildete Soldaten, die es gewohnt sind, die vom Kriegsrecht gezogenen Grenzen zu respektieren. Es war Himmlers Aufgabe, verhältnismäßig kleine Gruppen von Männern zusammenzustellen und hinter der Front einzusetzen, wo sie zugleich als Sicherheitspolizei und Erschießungskommandos zu fungieren hatten, wenn Widerstandsnester – tatsächliche oder vorgebliche – niederzukämpfen waren. Viele hohe Wehrmachtsoffiziere kamen entsetzt aus Polen zurück, wenn sie gesehen hatten, wie Himmlers SS-Kommandos wüteten.

Hitlers Überfall auf die Sowjetunion begann am 22. Juni 1941. Er war entschlossen, nach Möglichkeit auch diesmal wieder einen Blitzkrieg zu führen, um Moskau und Leningrad zu nehmen, bevor der Winter einsetzte. Die SS-Einsatzgruppen sollten auch in Rußland hinter der Front tätig werden – diesmal mit geheimen Anweisungen zur Beseitigung Unerwünschter, ohne daß von „Befriedungsaktionen" gesprochen worden wäre, obwohl die ermordeten Juden in den Erfolgsmeldungen der Einsatzgruppen im allgemeinen als „Bandenangehörige" bezeichnet wurden.

Schon lange vor dem Einfall unterzeichnete Keitel im März 1941 einen vorbereiteten Befehl an die für die Invasion vorgesehenen Armeen, in dem er sie dazu verpflichtete, für die Einsatzgruppen Unterkünfte, Verpflegung und Fahrzeuge bereitzustellen. Obwohl die Wehrmacht sich im allgemeinen nicht aktiv an den Massenerschießungen beteiligte, wußten viele Soldaten recht gut, daß sie stattfanden.

Insgesamt wurden vier selbständige Einsatzgruppen mit jeweils 500 bis 1000 Mann aufgestellt; die Gesamtstärke der Einsatzgruppen A bis D überstieg zu keinem Zeitpunkt 3000 Mann. Nach Schätzungen vernichteten sie innerhalb weniger Monate etwa eine Million Menschen, und Raul Hilberg glaubt, daß durch die Tätigkeit der Einsatzgruppen und späterer SS-Einsatzkommandos bis zum Frühjahr 1942 bis zu 1400000 Juden den Tod fanden.

In diesem Zusammenhang muß daran erinnert werden, daß Hitler am 6. Juni 1941 seinen „Kommissarbefehl" erlassen hatte, in dem es hieß: „Die Urheber barbarisch asiatischer Kampfmethoden sind die politischen Kommissare. Gegen diese muß daher sofort und ohne weiteres mit aller Schärfe vorgegangen werden. Sie sind daher, wenn im Kampf oder Widerstand ergriffen, grundsätzlich sofort mit der Waffe zu erledigen."

Diesem Befehl folgten weitere, die dazu führten, daß die SS auch zahlreiche russische Kriegsgefangene ausrottete, nachdem Millionen von Russen in deutsche Gefangenschaft geraten und deshalb wie die Juden als „unerwünscht" eingestuft worden waren. Daraus entwickelten sich Massenerschießungen von Kriegsgefangenen mit dem Ziel einer vollständigen Ausrottung, wie sie für die Juden geplant war. Ein OKW-Bericht vom 1. Mai 1944 nannte folgende Zahlen: russische Kriegsgefangene insgesamt: 5165381; zwei Millionen Tote durch „Ausfälle"; 280000 Offiziere und Mannschaften in Durchgangslagern gestorben oder vermißt; 1030157 auf der Flucht erschossen oder in Konzentrationslager eingewiesen. Nahezu 3,5 Millionen Rotarmisten starben in deutscher Kriegsgefangenschaft – wohl vor allem durch die SS, da zumindest ein Teil der „Ausfälle" auf ihre anfänglichen Vernichtungsaktionen zurückzuführen sein dürfte. Aber auch die Wehrmacht muß sich eine Mitschuld wegen ihrer Beteiligung an diesen barbarischen Massenmorden anrechnen lassen.

Während in dem von Deutschen besetzten Teil Polens rund zwei Millionen Juden lebten, gab es in der Sowjetunion etwa fünf Millionen, von denen vier Fünftel in Gebieten lebten, die bald unter deutsche Herrschaft kommen sollten. Dazu gehörte der ursprünglich russisch besetzte Teil Polens, in dem die übrigen 1,35 Mill. polnischen Juden durch den deutschen Einmarsch völlig überrascht wurden. In der Ukraine, in die deutsche Truppen im Juli 1941 vorstießen, waren über 1,5 Millionen Juden von der Vernichtung bedroht. Ungefähr 1,5 Millionen ostpolnischen und russischen Juden gelang es schließlich, vor den Deutschen nach Osten zu flüchten, aber mehrere Millionen blieben den Eroberern hilflos ausgeliefert.

Über die Verbrechen der Einsatzgruppen liegt reichhaltiges Beweismaterial vor. Viele ihrer „Ereignismeldungen" sind erhalten geblieben und haben nach dem Kriege bei Kriegsverbrecherprozessen vorgelegen. Diese Meldungen waren ebenso gründlich wie detailliert. Beispielsweise meldete die Einsatzgruppe A, sie habe bis zum 15. Oktober 1941 insgesamt 125 000 Juden liquidiert; die Einsatzgruppe B kam bis zum 14. November auf 45 000 Erschossene (diese Zahl wurde später, als detaillierte Meldungen der Kommandos vorlagen, nach oben korrigiert); die Einsatzgruppe C brachte es bis zum 3. November auf 75 000 Opfer; die Einsatzgruppe D meldete bis 12. Dezember 55 000 Tote. Daraus ergab sich eine Gesamtsumme von 300 000 Vernichtungsopfern in den ersten Monaten des Rußlandfeldzuges. Die Einsatzgruppe A erwähnte anerkennend, ihre Tätigkeit sei von der Wehrmacht aktiv unterstützt worden, aber das war eine Ausnahme. Typisch für die Erfolgsberichte der Einsatzgruppen war die „Ereignismeldung UdSSR Nr. 132“ aus dem Raum Kiew:

„Die Zahl der durch das Sonderkommando 4a (Blobel/Kiew) durchgeführten Exekutionen hat sich inzwischen auf 55432 erhöht.

In der Summe der in der zweiten Hälfte des Monats Oktober 1941 bis zum Berichtstage durch das Sonderkommando 4a Exekutierten sind wiederum neben einer relativ geringen Anzahl von politischen Funktionären, aktiven Kommunisten, Saboteuren usw. in erster Linie Juden, und hier wieder ein großer Teil von durch die Wehrmacht überstellten jüdischen Kriegsgefangenen enthalten. In Borispol wurden auf Anordnung des Kommandanten der dortigen Kriegsgefangenenlager durch einen Zug des Sonderkommandos 4a am 14. 10. 41 752 und am 18. 10. 41 357 jüdische Kriegsgefangene, darunter einige Kommissare und 78 vom Lagerarzt übergebene jüdische Verwundete erschossen ... Hierzu ist zu bemerken, daß die reibungslose Durchführung der Aktionen in Borispol nicht zuletzt auf die tatkräftige Unterstützung durch die dortigen Wehrmachtsdienststellen zurückzuführen war.

Ein anderer Zug des Sonderkommandos 4a wurde in Lubny tätig und exekutierte störungslos 1865 Juden, Kommunisten und Partisanen, darunter 53 Kriegsgefangene und einige jüdische Flintenweiber.

Lubny hatte vor dem Kriege 35000 Einwohner, davon 14000 Juden. Eine jetzt vorgenommene Zählung durch die dortige Stadtverwaltung hatte 20000 Einwohner, darunter angeblich nur 1500 Juden zum Ergebnis.

Die Zahl der durch das Einsatzkommando 5 (Heyer/Kiew) Exekutierten betrug am 20. 10. 41 insgesamt 15110. In der Zeit vom 13. 10. 41 bis 19. 10. 41 sind davon 20 politische Funktionäre, 21 Saboteure und Plünderer und 1047 Juden erschossen worden. Eine besonders starke seelische Belastung der mit der Durchführung beauftragten Männer des Einsatzkommandos 5 stellte die am 18. 10. 41 vorgenommene Liquidation von 300 geisteskranken Juden der Kiewer Irrenanstalt dar.

137 Lastwagen Bekleidungsstücke, die im Zuge der in Shitomir und Kiew vorgenommenen Judenaktionen in die Hand gefallen waren, wurden der NSV* zur weiteren Verwendung zur Verfügung gestellt. Der größte Teil davon gelangte nach der notwendigen Desinfektion zur Verteilung an Volksdeutsche. U.a. konnte auch ein Kriegslazarett der Waffen-SS seinen Bedarf an Wolldecken usw. aus diesem Vorrat dekken . . .“

Und im Monat darauf wurde gemeldet:

„Die sich bei der Durchführung einer solchen Großaktion ergebenden Schwierigkeiten, vor allem

* National-Sozialistische Volkswohlfahrt

hinsichtlich der Erfassung, wurden in Kiew dadurch überwunden, daß durch Maueranschlag die jüdische Bevölkerung zur Umsiedlung aufgefordert worden war. Obwohl man zunächst nur mit einer Beteiligung von etwa 5000 bis 6000 Juden gerechnet hatte, fanden sich über 30000 Juden ein, die infolge einer überaus geschickten Organisation bis unmittelbar vor der Exekution noch an ihre Umsiedlung glaubten."

Eine dieser Einsatzgruppen stand unter dem Befehl eines jungen Juristen und Volkswirtschaftlers, dessen Name schon früher erwähnt worden ist: Otto Ohlendorf, den Himmler für einen unsoldatischen Akademiker gehalten hatte. Wie mancher andere hochintelligente Verbrecher erwies er sich als rücksichtsloser und brutaler als Männer mit weniger disziplinierter Mentalität, denn Intelligenz braucht nicht unbedingt mit Empfindlichkeit und menschlich empfindendem Gewissen verbunden zu sein. Zeitgenossen, die Ohlendorf gekannt haben, haben ihn als kalten, ziemlich eitlen Mann geschildert, der gern theoretisch argumentierte und dabei mit Vorliebe akademische Fachausdrücke benützte. Er war jedoch stolz auf seinen Dienstgrad als SS-Gruppenführer, zu dem er befördert wurde, als er das Kommando über die Einsatzgruppe D übernahm. Ohlendorf war jedoch keine Ausnahmeerscheinung: Die ranghöchsten Offiziere der Einsatzgruppen waren zumeist junge Akademiker.

Ohlendorf besaß jedoch zumindest eine gute Eigenschaft – er stand offen und ehrlich zu seinen Taten, als er 1947 in Nürnberg im sogenannten SS-Einsatzgruppen-Prozeß vor dem Internationalen Militärgerichtshof stand (und genau wußte, daß ihn die Todesstrafe erwartete).

Ohlendorf: „Herr Ankläger . . ., ich habe den Befehl für falsch gehalten, aber ich habe unter militärischer Gehorsamspflicht gestanden und ihn ausgeführt . . ., weil ich wußte . . ., daß die Maßnahmen als Notwehrmaßnahmen befohlen worden waren. Den Befehl als solchen halte ich noch jetzt für falsch, aber für mich gibt es keine Frage, ob er moralisch oder amoralisch gewesen ist, denn ein Führer, der mit so schwerwiegenden Fragen zu tun hat, entscheidet in eigener Verantwortung. Das ist seine Verantwortung. Ich kann sie nicht nachprüfen, und ich kann nicht darüber richten; das steht mir nicht zu."

Ankläger: „Sie haben Ihr moralisches Gewissen an Adolf Hitler abgetreten, nicht wahr?"

Ohlendorf: „Nein. Aber ich habe mein moralisches Gewissen an der Tatsache ausgerichtet, daß ich Soldat und deshalb ein verhältnismäßig kleines Rädchen einer großen Maschine war. Und was ich getan habe, ist das gleiche, was in jeder anderen Armee getan wird. Ich habe als Soldat einen Befehl bekommen und diesen Befehl als Soldat ausgeführt."

Ankläger: „Sie lehnen es also ab, eine moralische Wertung vorzunehmen?"

Ohlendorf: „Ja."

Vor Gericht schilderte Ohlendorf auch den allgemeinen Ablauf der von seiner Einsatzgruppe in Rußland vorgenommenen Erschießungen:

„Die dazu bestimmte Einheit pflegte in ein Dorf

oder eine Stadt zu kommen und den führenden jüdischen Bewohnern den Befehl zu erteilen, alle Juden zwecks Umsiedlung zusammenzurufen. Sie wurden aufgefordert, ihre Wertgegenstände den Einheitsführern zu übergeben und kurz vor der Hinrichtung ihre Oberkleider auszuhändigen. Sie wurden in Lkw an die Hinrichtungsstätte – in der Regel ein Panzergraben – . . . gefahren, und zwar immer nur soviel, wie unmittelbar hingerichtet werden konnten; auf diese Weise wurde versucht, die Zeitspanne so kurz wie möglich zu halten, in der die Opfer von dem ihnen Bevorstehenden Kenntnis bekamen, bis zu dem Zeitpunkt der tatsächlichen Hinrichtung.

Dann wurden sie erschossen, kniend oder stehend, (auf) militärische Liquidationsweise, und die Leichen wurden in den Graben geworfen. Ich habe . . . das Erschießen durch Einzelpersonen nie genehmigt, sondern befohlen, daß mehrere Leute gleichzeitig schießen sollten, um direkte, persönliche Verantwortung zu vermeiden. (Manche Gruppenführer) verlangten, daß die Opfer sich flach auf den Boden legten, um dann den Genickschuß zu erhalten. Ich habe diese Methoden nicht gebilligt . . ., weil sie sowohl die Opfer als auch die, die zur Tötung befohlen waren, seelisch unendlich belasteten."

Im Laufe der Zeit bestanden die Einsatzgruppen nur noch aus hartgesottenen Killern, aber selbst mit ihnen gab es gewisse Schwierigkeiten. Obwohl diesen Männern ständig eingehämmert wurde, alle Juden seien Schädlinge und Ungeziefer, mußten sie häufig unter Alkohol gesetzt werden, bevor sie ihr grausiges

Handwerk auszuüben bereit waren. Viele von ihnen erlitten Nervenzusammenbrüche, und auch Himmler, der am 31. August 1942 dem Einsatzgruppenführer in Minsk die Erschießung von 100 Personen befahl, damit er es sich einmal ansehen könne, war sichtlich mitgenommen, wie SS-Obergruppenführer und General der Waffen-SS und Polizei Erich von dem Bach-Zelewski, der Höhere SS- und Polizeiführer in Rußland-Mitte, später berichtete.

Bach-Zelewski, einer der Favoriten Himmlers, wandte sich an den Reichsführer-SS und sagte: „Sehen Sie sich die Augen der Männer dieses Kommandos an, wie tief erschüttert sie sind! Diese Männer sind für den Rest ihres Lebens erledigt. Was für Gefolgsleute ziehen wir uns hier heran? Entweder Neurotiker oder Wild."

Himmler gab zu, daß diese Arbeit „widerlich" und ihm ebenso verhaßt sei wie den Beteiligten. Aber er fügte unweigerlich hinzu, Hitlers Befehle seien widerspruchslos auszuführen: Er als Reichsführer-SS trage vor Gott und Hitler die Verantwortung für diese Maßnahmen.

Die deutschen Einsatzgruppen und die SS arbeiteten nicht allein. Sobald die Ausrottung des Judentums zur offiziellen Politik erklärt worden war, fanden sich zahlreiche willige Helfer, die bereit waren, sich an den Massenmorden zu beteiligen.

Beispielsweise führte die rechtsextreme Eiserne Garde in Rumänien einen Ausrottungsfeldzug gegen die Juden in Bessarabien. Auf der Suche nach einem sicheren Zufluchtsort irrten diese hilflosen Gruppen von Juden durch Ost- und Südosteuropa. Viele von ihnen zahlten Unsummen, um an Bord kaum seetüchtiger Schiffe nach Palästina gebracht zu werden, und wurden dort von der britischen Mandatsmacht abgewiesen, die entschlossen war, jegliche illegale Einwanderung zu verhindern und die Zahl der Einwanderer 1940–45 auf die genehmigten 75000 Personen zu beschränken.

Diese Leidensgeschichte der osteuropäischen Juden darf niemals in Vergessenheit geraten. Die Einsatzgruppen spielten die erste Hauptrolle in dem Vernichtungsfeldzug, der wenig später von der SS auf wissenschaftlicher Grundlage in den Vernichtungslagern fortgesetzt werden sollte, die Himmler auf polnischem Boden errichten ließ. Ein Grund für das – außer bei den Angehörigen von Opfern sowie bei Beteiligten und Augenzeugen – geringe Wissen über die Leiden der mittel- und osteuropäischen Juden liegt im völligen Mangel an Verständnis, das zivilisierte Menschen für solche Dinge aufbringen.

Als Berichte über Massenerschießungen an die Öffentlichkeit drangen, was unvermeidlich war, wappneten Deutschland und das Ausland sich mit blankem Unglauben, um diese Wahrheit nicht akzeptieren zu müssen. Diese krasse Verständnislosigkeit und die schweigende Zurückweisung solcher Meldungen erwiesen sich als Himmlers wertvollste Verbündete im In- und Ausland. Im allgemeinen weigerte sich die Öffentlichkeit, etwa angebotene Beweise zu akzeptieren, und hielt die Berichte über Greueltaten für eher geschmacklose Kriegspropaganda.

Nur wenige wollten glauben, daß es möglich sei, genügend Männer und Frauen für den Massenmord an Unschuldigen auszubilden. Erst nach dem Krieg befaßten Deutschland und die Welt sich mit diesen Killern und sahen, was für Männer und Frauen die SS für diese Bruderschaft von Mördern angeworben hatte. Tatsächlich stammten ihre Mitglieder aus allen sozialen Schichten und Berufen. Einige von ihnen sind erst in den siebziger Jahren vor deutsche Gerichte gestellt worden.

Die Opfer von SS-Massakern in Rußland

Ankunft in Auschwitz

Verbrennungsöfen in Auschwitz

Unterernährt und geschwächt mußten die KZ-Häftlinge Schwerstarbeit verrichten (Sachsenhausen, 1941)

Zwei Kapos schleifen mit einer Zange den Leichnam
eines Mithäftlings fort

Die SS und die unverhüllte Ausrottungspolitik

Man könnte behaupten, die Notwendigkeit des Massenmordes, vor allem an europäischen Juden und „unerwünschten“ Slawen, sei den führenden Nationalsozialisten durch die stürmische Entwicklung der Ereignisse aufgedrängt worden. Das systematische Genozid wurde deshalb die „Endlösung“. Eine Zeitlang geisterte durch Himmlers Gehirn die verrückte Idee, Madagaskar zu besetzen und die Juden Europas dorthin umzusiedeln, aber davon war im Jahre 1941 längst nicht mehr die Rede.

Absolute Macht erzeugt bald absolute Verachtung für die Machtlosen. Weshalb sollte man Zeit, Raum und Geld an „lebensunwerte“ Menschen vergeuden – zum Beispiel an Geisteskranke, an die „unproduktiven“ Insassen von Heil- und Pflegeanstalten? Ende 1939 war Himmler von Reichsleiter Philip Bouhler, dem Leiter der Reichskanzlei, der am 1. September 1939 erteilte „Euthanasiebefehl“ Hitlers übermittelt worden, in dem es hieß: „Reichsleiter Bouhler und Dr. med. Brandt sind unter Verantwortung beauftragt, die Befugnisse namentlich zu bestimmender Ärzte so zu erweitern, daß nach menschlichem Ermessen unheilbar Kranken bei kritischster Beurteilung ihres Krankheitszustandes der Gnadentod gewährt werden kann."

Die SS sollte die Ärzte für dieses Euthanasieprogramm stellen, das in einigen unter Bewachung stehenden Vernichtungsanstalten durchgeführt werden sollte. Ärzte, Krankenschwestern und Krankenwagenfahrer mußten belehrt und in ihre Aufgaben eingewiesen werden. Die Angehörigen der zur Tötung bestimmten Patienten sollten ahnungslos bleiben, bis sie den Leichenschein erhielten, auf dem eine falsche Todesursache angegeben war. Etwa 60000 „unproduktive Volksgenossen" starben auf diese Weise, bevor die hauptsächlich von den Kirchen organisierten öffentlichen Proteste dazu führten, daß das Unternehmen im August 1941 von Hitler abgebrochen wurde. Unterdessen waren die SS-Ärzte anderweitig beschäftigt. Die Euthanasie für Kranke und Schwache blieb auf die Konzentrationslager beschränkt.

Dr. Karl Brandt, der für die Durchführung des Euthanasieprogramms Verantwortliche, sagte im Nürnberger „Ärzteprozeß" aus, in dem er am 20. August 1947 zum Tode verurteilt wurde. Er ließ keinerlei Reue wegen seiner Taten erkennen: „Das mag den Eindruck erwecken, unmenschlich gewesen zu sein ... Dahinter stand das Bestreben, Menschen zu helfen, die sich nicht selbst helfen konnten ... Solche Überlegungen können nicht als unmenschlich betrachtet werden. Ich hatte auch nie das Gefühl, das sei irgendwie unethisch oder amoralisch ... Ich bin davon überzeugt, daß Hippokrates, wenn er heute lebte, den Wortlaut seines Eides ..., der einem Arzt verbietet, einem Kranken selbst auf dessen Wunsch Gift beizubringen, abändern würde ... In bezug auf meine Rolle in dieser Sache habe ich ein völlig reines Gewissen.“

Zuletzt gab es etwa 350 SS-Ärzte, von denen viele unmittelbar mit Konzentrationslagern zu tun hatten. Schon im Jahre 1939 hatten auch die sogenannten „medizinischen Versuche“ begonnen, die sich als entsetzlichster Beitrag der SS-Mediziner zu dem organisierten Massenmord in den Konzentrationslagern erweisen sollten. Sie begannen damit, daß Häftlinge als Versuchspersonen dienten, an denen die Wirkung flüssiger Kampfstoffe wie Senfgas und Phosgen beim Auftrag auf die menschliche Haut erprobt wurde; die Symptome wurden beobachtet und fotografiert, während die Versuchspersonen unter zunehmenden Schmerzen elend zugrunde gingen. Diese Versuche wurden über Jahre hinweg durchgeführt und standen eine Zeitlang unter Leitung eines Anatomieprofessors, der gleichzeitig hoher SS-Führer war.

Himmler hielt derartige Versuche für durchaus gerechtfertigt. Ihre Zahl nahm weiter zu, bis jeder SS-Arzt in gehobener Position beliebig viele Versuchspersonen anfordern konnte. Die Leitung des Konzentrationslagers Natzweiler versuchte sogar, ein Geschäft aus dem Verkauf von Häftlingen für Versuchszwecke zu machen, aber im allgemeinen genügte eine schriftliche Anweisung aus Himmlers Stab, um die als Forscher „anerkannten“ Ärzte mit Häftlingen zu versorgen. Die Hauptversuchsperiode lag in den Jahren 1941–44.

Der zur SS übergewechselte ehemalige Luftwaffenarzt Dr. Sigmund Rascher erhielt von Himmler die Erlaubnis, KZ-Häftlinge für Unterdruck- bzw. Höhenflugversuche zu verwenden. Der Reichsführer-SS ließ ihm antworten, „daß Häftlinge für die Höhenflugforschung selbstverständlich gern zur Verfügung gestellt werden". Rascher ließ die Unterdruckkammer des Luftwaffengaus München ins Konzentrationslager Dachau schaffen und begann seine Versuche mit etwa 200 Häftlingen, von denen 80 sofort ums Leben kamen, während die übrigen einige Zeit später liquidiert wurden. Raschers Versuche, zu denen auch „Kälteversuche" an Häftlingen gehörten, wurden selbst von Professor Dr. Karl Gebhardt, Himmlers ärztlichem Berater, als wertlos und völlig unwissenschaftlich eingestuft.

Einer von Raschers Assistenten gehörte zu den Angeklagten im Nürnberger Ärzteprozeß. Als er zur Frage der Legalität der Versuche vernommen wurde, hatte er lediglich zu sagen: „Ich hatte keine Bedenken aus rechtlichen Gründen, denn ich wußte, daß der Mann, der diese Versuche offiziell genehmigt hatte, Himmler war ... In dem Bereich, den man als den der medizinischen Ethik bezeichnen könnte, war es anders. Für uns alle war es eine ganz neue Erfahrung, Versuchspersonen angeboten zu bekommen ... Ich mußte mich an diese Idee erst gewöhnen."

Himmler bereute es später, Rascher gefördert zu haben, als sich herausstellte, daß sogar seine Kinder nicht echt waren. Der Reichsführer-SS war beeindruckt gewesen, als er gehört hatte, daß Frau Rascher mit über 48 Jahren noch drei Kinder zur Welt gebracht hatte, und hatte die Patenschaft über die Kinder übernommen, die jedoch, wie sich später herausstellte, in entsprechenden Abständen aus einem Waisenhaus geholt worden waren.

Raschers Versuche sanken zu einer widerwärtigen Farce herab, als er Männer in eiskaltem Wasser unterkühlte und dann von Prostituierten aus KZ-Bordellen „wärmen“ ließ, bis das Bewußtsein zurückkehrte. Diese und andere Versuche wurden mit der Begründung durchgeführt, sie dienten zur Klärung von „ärztlichen Fragen bei Seenot und Winternot“; sie wurden fortgesetzt, bis Rascher wegen Kindesentführung nach Dachau kam (seine Frau wurde ins KZ Ravensbrück eingeliefert). Beide wurden 1945 auf Befehl Himmlers erschossen, bevor die Lager von den Alliierten befreit wurden.

Himmler war jedoch von dem Gedanken an medizinische Versuche an KZ-Häftlingen geradezu besessen, und Gebhardt, sein engster medizinischer Berater, begann selbst mit Versuchen, die dazu führten, daß bereits zur Tötung bestimmte Polinnen mit Gasbranderregern infiziert wurden. Einer der an diesen Versuchen beteiligten Ärzte sagte beim Nürnberger Ärzteprozeß aus: „Ich war der Überzeugung, wir böten unseren Versuchspersonen, die unter deutschem Recht lebten und denen sonst unweigerlich die Todesstrafe drohte, vernünftige Überlebenschancen . . . Ich war damals kein Arzt im Zivilleben, der eigene Entscheidungen treffen konnte. Ich war . . . ein medizinischer Sachverständiger, der genauso handeln mußte wie ein Soldat in Ausübung seiner Dienstpflicht."

Die schlimmsten und auch in größtem Maßstab durchgeführten Versuche dienten jedoch der Entwicklung einer Methode zur Massensterilisierung, durch die ganze Völker leicht und billig innerhalb einer einzigen Generation ausgerottet werden konnten. Von angeblichen Ärzten, die nur zum Teil „sachkundig" waren, wurden zahlreiche Methoden mit grausam willkürlicher, amateurhafter Begeisterung erprobt. Wenig erfolgreiche Versuche dienten dazu, durch Medikamente, Bestrahlung der Geschlechtsteile und Einspritzung von Flüssigkeiten in die Gebärmutter zu sterilisieren. Männer und Frauen starben unter gräßlichen Schmerzen, weil ihre empfindlichsten Körperteile verbrannt und verätzt waren. Im Laufe der Jahre wurden auch Versuche mit Flecktyphus und epidemischer Leberentzündung vorgenommen. Anderen Häftlingen wurden Knochen und Gelenke herausoperiert, damit sie Gebhardts Patienten im Sanatorium Hohenlychen, in das Himmler sich gelegentlich wegen seines chronischen Magenleidens zurückzog, eingepflanzt werden konnten.

Obwohl es etwa 350 deutsche SS-Ärzte gab, waren nur verhältnismäßig wenige direkt an diesen Versuchen beteiligt. Trotzdem ist daran besorgniserregend, daß so viele Männer, deren Beruf es gewesen wäre, anderen Menschen zu helfen, jegliches Moralempfinden im Umgang mit Mitmenschen vermissen ließen. Der bösartigste Aspekt von Himmlers Indoktrination war die Tatsache, daß sie bei den in SS-Dienste Tretenden das grundlegende Unterscheidungsvermögen zwischen Recht und Unrecht schwer beeinträchtigte. Das hat sich niemals deutlicher als im Fall der SS-Ärzte gezeigt.

Alle derartigen Versuche an lebenden Menschen waren selbstverständlich verbrecherisch, und auf der gleichen Linie lag die Verwendung von Häftlingen, die im allgemeinen eigens für diesen Zweck ermordet wurden, als Anschauungsmaterial für die „Forschungsarbeit" der „Gesellschaft Ahnenerbe", die gegründet worden war, um Himmlers ganz und gar unwissenschaftliche Vorurteile pseudowissenschaftlich zu untermauern. Eine der zahlreichen Forschungsstellen der Gesellschaft begann damit, eine umfangreiche Sammlung von Judenschädeln anzulegen, damit die charakteristischen Eigenschaften dieser von den Nazis als „Untermenschen" bezeichneten Rasse an Beispielen studiert werden konnten. „Sendungen" von toten Juden und Jüdinnen trafen ständig ein; zumindest in einem Fall kamen sie „noch warm" an, wie ein Augenzeuge später aussagte.

In Auschwitz bildete der kriminelle Dr. Fritz Mengele sich zu einem Amateurpathologen heran, der sich auf Untersuchungen bei Zwillingen spezialisierte, weil er hoffte, hinter das Geheimnis von Mehrfachgeburten zu kommen, um deutschen Frauen die Möglichkeit geben zu können, bei jeder Schwangerschaft mehr als ein Kind zur Welt zu bringen. Das Lagerpersonal erhielt den Auftrag, auf Zwillingspaare unter den eingelieferten Häftlingen zu achten, damit der elegante, zynische Mengele sie untersuchen konnte – zuerst lebend, dann als Leichen –, um seine sauber getippten, völlig wertlosen Berichte zu verfassen.

Aus dem makabren Horror dieses Rassenwahns und der damit verknüpften Forschungen ging lediglich ein einziger etwas positiverer Aspekt hervor: die schon vor dem Krieg eingerichteten Lebensborn-Heime der SS. Die Zahl dieser Heime wurde während des Krieges stark vergrößert, und Mütter „reinen Blutes" hatten dort die Möglichkeit zu einer ruhigen, von Fachpersonal geleiteten Geburt, wobei es keine Rolle spielte, ob ihr Kind ehelich oder unehelich war. Aber selbst dort machten Himmlers Spleens sich bemerkbar. So ist eine Anordnung des Reichsführers-SS erhalten, die Wöchnerinnen sollten Haferbrei essen, denn von ihm ernährten sich die hageren, zähen Schotten, die Himmlers Ideal des nordischen Typs entsprachen. Aber die Mütter waren keineswegs begeistert: Sie fürchteten, von Haferbrei dick zu werden.

Aber das in Lebensborn-Heimen umhegte Leben war praktisch bedeutungslos im Vergleich zu den Massentötungen, die begannen, sobald die Nationalsozialisten dazu übergingen, Unerwünschte systematisch auszurotten. Der Wechsel von zwangsweiser, geheim vorgenommener Euthanasie durch SS-Ärzte und -Krankenpflegerpersonal zu Massenmorden ereignete sich Anfang 1941, in dem Zeitraum, in dem Hitler seinen Überfall auf Rußland vorbereitete.

Gewiß, Hitler hatte den Juden schon im Januar 1939 offen mit der Ausrottung gedroht. Aber seine

Drohung war als rhetorische Übertreibung verstanden oder damals gar nicht recht wahrgenommen worden: Hitler hatte in einer Reichstagsrede verkündet, falls es dem internationalen Finanzjudentum inner- und außerhalb Europas nochmals gelingen sollte, die Völker in einen weiteren Weltkrieg zu stürzen, werde am Ende nicht die Bolschewisierung der Welt und damit der Sieg des Judentums, sondern die Vernichtung der jüdischen Rasse in Europa stehen.

Der erste Schritt zur systematischen Vernichtung des europäischen Judentums, das Hitlers Eroberungsplänen im Osten im Wege stand, wurde mit der Festlegung von Auschwitz als zukünftigem Vernichtungszentrum getan. Dieses Konzentrationslager war ab Juni 1940 von Rudolf Höß aufgebaut worden, der es damit innerhalb weniger Jahre vom SS-Unterscharführer in Dachau zum Lagerkommandanten gebracht hatte.

Nach dem Kriege gestand Höß, den Vernichtungsbefehl im Frühsommer 1941 von Himmler erhalten zu haben. Sein von ihm unterschriebenes Geständnis lautete: „Auf Befehl Himmlers, den ich im Mai 1941 erhalten hatte, habe ich persönlich von Juni/Juli 1941 bis Ende 1943, als ich Kommandant von Auschwitz war, die Vergasung von zwei Millionen Menschen veranlaßt."

Höß war so stolz auf seine Leistung, daß er bei jeder sich bietenden Gelegenheit aus Statistiken zitierte, wie er es (zum Entsetzen aller Beteiligten, sogar der meisten Angeklagten) auch als Zeuge bei den Nürnberger Kriegsverbrecherprozessen tat. Außerdem schrieb er vor seiner am 16. April 1947 in Auschwitz erfolgten Hinrichtung in polnischer Gefangenschaft seine Memoiren, in denen es hieß: „*Sommer* 1941. Himmler läßt mich nach Berlin kommen, um mir den so verhängnisvollen und so harten Befehl zur Massen-Vernichtung der Juden aus fast ganz Europa zu erteilen, demzufolge aus dem KZ Auschwitz die größte Vernichtungsanstalt der Geschichte wurde . . ."

Unterdessen wurde die Wehrmacht vor jeglicher direkter Einmischung in die Tätigkeit der SS im Osten gewarnt. Eine Wiederholung der in Polen aufgetretenen Schwierigkeiten und Behinderungen sollte es diesmal nicht geben.

„Der Reichsführer-SS handelt selbständig und in eigener Verantwortlichkeit", hatte Hitler in einem schriftlichen Befehl im März festgehalten. Im gleichen Monat berief Himmler eine Besprechung höchster SS-Führer ein, auf der er, wie von dem Bach-Zelewski später berichtete, über die zukünftige Verminderung der slawischen Bevölkerung um 30 Millionen Menschen sprach. Auch diese Zahl scheint damals als rhetorische Übertreibung gewertet worden zu sein. Aber war sie das wirklich?

Für die Durchführung des Vernichtungsprogramms war eine Anzahl von SS-Führern verantwortlich, die ihre Befehle direkt von Hitler oder in seinem Auftrag von Himmler erhielten. Auch wenn Göring in Nürnberg bestritt, etwas mit der Judenvernichtung zu tun gehabt zu haben, dürfte kaum ein Zweifel daran bestehen, daß er zu den Mitschuldigen gehörte.

Schließlich war Göring der Mann, der Heydrich im Auftrag Hitlers den berüchtigten Befehl übermittelte, in dem erstmals das Wort „Endlösung“ (der Judenfrage) vorkam. Tarnbezeichnungen dieser Art wie „Sonderbehandlung“ und „Umsiedlung“ wurden in schriftlichen Befehlen und Besprechungsprotokollen absichtlich verwendet, um den Kreis der in die aktive Vernichtungspolitik Eingeweihten möglichst klein zu halten.

Obwohl die Einsatzgruppen schon in Polen zahlreiche polnische Juden erschossen hatten, scheint es keinen schriftlichen Vernichtungsbefehl gegeben zu haben. Die Einsatzgruppen hatten lediglich den Auftrag, die Juden zusammenzutreiben und zu deportieren sowie „subversive Elemente“ der polnischen Bevölkerung unschädlich zu machen.

Heydrich hatte damals jedoch davon gesprochen, daß die Umsiedlung der Juden eine „vorläufige Maßnahme“ sei, der später eine nicht näher definierte endgültige Lösung folgen werde, die nur über einen längeren Zeitraum hinweg zu verwirklichen sei. Wir können heute nur vermuten, was er damit gemeint hat – zum damaligen Zeitpunkt vielleicht nur eine Umsiedlung in ein abgegrenztes, kontrolliertes Gebiet Mitteleuropas oder vielleicht sogar Himmlers alte Idee von einer Judeninsel Madagaskar.

Abgesehen von den einigen tausend SS-Männern, die die Schmutzarbeit tun mußten, wollte niemand etwas von den schrecklichen Ereignissen wissen, von denen allzu viele ahnten, daß sie sich im Osten abspielten. Die Unterdrückung von Wissen war – wie die Unterdrückung von Gewissensbissen – eine sehr häufige Erscheinung. Der Nationalsozialismus stumpfte das Moralbewußtsein der Menschen ab. Die Massenvernichtungen sollten das im In- und Ausland bestgehütete „psychologische" Geheimnis dieses Krieges werden.

Die Suche nach schriftlichen Befehlen als Grundlage der Massenmorde geht weiter. Bekannt ist ein Befehl Heydrichs vom 2. Juli 1941, fast vier Wochen vor dem berühmt-berüchtigten Befehl Görings, in dem Heydrich den Chefs der Einsatzgruppen Anweisungen über die zu Erschießenden gab. Darin hieß es, in erster Linie seien zu exekutieren: alle Komintern-Funktionäre (von denen die meisten als Berufspolitiker einzustufen seien), höhere und gehobene Beamte sowie „Extremisten" in der Partei, dem Zentralkomitee und den Republik- und Bezirkssowjets, Volkskommissare, *Juden im Dienst von Partei oder Staat,* andere extremistische Elemente. Säuberungen oder Pogrome, die in den neubesetzten Gebieten von antikommunistischen oder antisemitischen Gruppen angezettelt wurden, sollten in keiner Weise behindert, sondern insgeheim gefördert werden.

Der bisher einzige Beweis dafür, daß es irgendwann einen (wahrscheinlich nur mündlich erteilten) Befehl zur Ausrottung von Juden, die nicht als kommunistische Funktionäre oder Partisanen gelten konnten, gegeben haben muß, findet sich in den Ereignismeldungen der Einsatzgruppen, die Zahlenangaben über die „befehlsgemäß" zusammengetriebenen und erschossenen Juden enthielten. In den Jahren 1941 und 1942 wurden Hunderttausende von russischen Juden hingerichtet.

Görings Befehl vom 31. Juli 1941, den er Heydrich mit Himmlers Wissen übermittelte, lautete folgendermaßen:

„... beauftrage ich Sie hiermit, alle erforderlichen Vorbereitungen ... für eine Gesamtlösung der Judenfrage im deutschen Einflußgebiet in Europa zu treffen ...

Ich beauftrage Sie weiter, mir in Bälde einen Gesamtentwurf über die ... Vorausmaßnahmen zur Durchführung der angestrebten Endlösung der Judenfrage vorzulegen."

In Nürnberg bestand Göring darauf, unter dieser „Endlösung der Judenfrage" seien lediglich die Umsiedlung der Juden und die gerechte Beschlagnahme ihres unrechtmäßig erworbenen Eigentums zugunsten des Reichs zu verstehen gewesen. Aber die berüchtigten Befehle aus der in Görings Auftrag Mitte 1941 zur Vorbereitung des Rußlandfeldzuges zusammengestellten „grünen Mappe" wurden ebenfalls als Beweismaterial gegen ihn vorgelegt.

Darin hieß es eiskalt, Dutzende von Millionen Menschen in den sowjetischen Gebieten seien überflüssig und müßten entweder sterben oder nach Sibirien auswandern. Die Bevölkerung der Ukraine und Weißrußlands war dem Hungertod nahe, weil Göring ihre Kornkammern plünderte und die Lebensmittel nach Deutschland abtransportieren ließ.

„Sie müssen geradezu wie ein Schweißhund hinterher sein, wo noch etwas ist, was das deutsche Volk brauchen kann“, wies er seine Untergebenen an. „Das müßte blitzartig ... herausgeholt und hierher gebracht werden.“

Schon am 20. Mai 1941 enthielt ein in Frankreich und Belgien verbreiteter RSHA-Erlaß Hinweise auf eine von Göring gemachte Mitteilung über die Umsiedlung von Juden; ebenso war darin zweimal von einer bevorstehenden „Endlösung der Judenfrage“ die Rede.

Göring hatte zu den Teilnehmern einer Besprechung am 16. Juli 1941 im Führerhauptquartier gehört, auf der Reichsleiter Rosenberg „die Frage der Sicherung der Verwaltung“ angeschnitten hatte. Hitler hatte (laut einer Aktennotiz Bormanns) betont, „der Riesenraum müsse natürlich so rasch wie möglich befriedet werden; dies geschehe am besten dadurch, daß man jeden, der nur schief schaue, totschieße.“

Görings an Heydrich ergangener Befehl vom 31. Juli 1941 scheint deshalb vor allem eine formale Bestätigung früherer mündlicher Anordnungen, nicht jedoch ein völlig neuer Befehl, durch den die Judenvernichtung zur offiziellen Politik erklärt wurde, gewesen zu sein.

Daß Heydrich diesen Befehl direkt von Göring statt über Himmler erhielt, war in gewisser Beziehung bedeutsam. Heydrich, der noch vor zehn Jahren nur ein verabschiedeter Oberleutnant z. S. gewesen war, wurde nun von Hitler als Mann mit brutaler Energie anerkannt, der in mancher Beziehung selbst Himmler überlegen war. Hitler hatte offenbar Größeres mit Heydrich vor: Er ernannte ihn im September 1941 zum amtierenden Reichsprotektor für Böhmen und Mähren, d. h. zu seinem eigentlichen Statthalter in einem wichtigen Gebiet, in dem sich unter der schwachen Verwaltung des deutschen Reichsprotektors, des Freiherrn Konstantin von Neurath, zunehmende Unruhe und aktiver Widerstand bemerkbar gemacht hatten.

Der damals 37jährige Heydrich wurde zum SS-General ernannt und stand in seiner neuen Funktion im Range eines Ministers. Dieser rasche Aufstieg scheint Himmler mißtrauisch gemacht zu haben. Seine fast väterliche Zuneigung Heydrich gegenüber reichte nicht aus, um ihn Freude bei dem Gedanken empfinden zu lassen, sein Untergebener könne sich eine selbständige Machtposition schaffen. Nach Darstellung von Augenzeugen wie Schellenberg (ein kluger, wenn auch nicht immer zuverlässiger Beobachter) fürchtete Himmler Heydrich, weil er sich darüber im klaren war, daß er auf Heydrichs rastlose Energie angewiesen war, wenn die SS die ihr zugewiesenen Aufgaben tatsächlich erfüllen sollte.

Himmler war vermutlich ebenso erleichtert wie bekümmert, als Heydrich am 4. Juni 1942 nach einem in Prag auf ihn verübten Attentat starb. Schellenberg, der Heydrich nicht leiden konnte, aber die Macht seiner Persönlichkeit anerkannte, nutzte den Tod dieses gefährlichen Vorgesetzten, um bei Himmler in seine Fußstapfen zu treten. Schellenbergs außergewöhnlicher Einfluß auf Himmler machte sich ab 1942 bemerkbar und sollte später bewirken, daß der Reichsführer-SS von seiner bedingungslosen Treue zu Hitler abrückte.

Wegen seiner zusätzlichen Aufgaben war Heydrich seinerseits mehr von Untergebenen abhängig. Seine Tätigkeit in Prag mußte er zusätzlich zu seinen Aufgaben als Beauftragter für die Durchführung des geheimen Vernichtungsprogramms übernehmen. Jedenfalls verließ Heydrich Berlin nur widerstrebend und begrüßte seine Ernennung zum amtierenden Reichsprotektor offenbar nur deshalb, weil diese Beförderung ihm zugleich eine gewisse Unabhängigkeit verlieh.

Normalerweise stand ständig ein Flugzeug für ihn bereit, mit dem er zwischen Prag und Berlin hin und her flog. Als dynamischer, aktiver junger Mann brauchte er jedoch vor allem einen Mitarbeiter mit Organisationstalent, der in seinem Auftrag die Verantwortung für die verwaltungstechnischen Einzelheiten der Vernichtungsaktion übernehmen konnte. Heydrich fand diesen Mann in einem Himmler ähnlichen SS-Bürokraten, dem „Judenfachmann“ Adolf Eichmann.

So war es Eichmann, der in Heydrichs Auftrag die berüchtigte Wannsee-Konferenz organisierte, die am 20. Januar 1942 am Berliner Wannsee stattfand. Das Protokoll dieser streng geheimen Besprechung, deren Teilnehmer es meisterhaft verstanden, um den wahren Zweck der „Endlösung“ herumzureden, ist erhalten geblieben. Obwohl Himmler nicht an dieser Konferenz teilnahm – zu der Besprechung waren Vertreter verschiedener Ministerien und SS- und SD-Dienststellen eingeladen worden –, waren die hauptsächlich an der Beherrschung des Ostraums beteiligten Stellen alle vertreten. Nach dem Krieg hatten einige dieser Beamten allen Grund, ihre Teilnahme an der Wannsee-Konferenz zu bedauern: Sie waren dadurch mitschuldig geworden an der Vorbereitung der Massenmorde an europäischen Juden.

Heydrich, der den Vorsitz führte, bezeichnete sich als Görings „Kommissar für die Vorbereitung der Endlösung der europäischen Judenfrage" und fügte hinzu, Göring müsse über die organisatorischen Einzelheiten auf dem laufenden gehalten werden. Dann erläuterte er die geplante Ausrottung des europäischen Judentums: „. . . im Zuge der Endlösung (sollen) die Juden . . . im Osten zum Arbeitseinsatz kommen. In großen Arbeitskolonnen, unter Trennung der Geschlechter, werden die arbeitsfähigen Juden straßenbauend in diese Gebiete geführt, wobei zweifellos ein Großteil durch natürliche Verminderung ausfallen wird. Der allfällig endlich verbleibende Restbestand wird, da es sich bei diesem zweifellos um den widerstandsfähigsten Teil handelt, entsprechend behandelt werden müssen, da dieser, eine natürliche Auslese darstellend, bei Freilassung als Keimzelle eines neuen jüdischen Aufbaues anzusprechen ist."

Danach wurde über das zukünftige Schicksal der jüdischen Bevölkerung einzelner Gebiete gesprochen – über geplante Umsiedlungen, die Arbeitsfähigkeit der jüdischen Bevölkerungsteile und die „Endlösung“ für die Millionen Juden, die als für das Reich wertlos galten. Ausdrücke wie „Vernichtung“ oder „Ausrottung“ wurden selbstverständlich nie gebraucht, und darauf beriefen sich die Anwesenden bei ihren Vernehmungen nach dem Kriege. „Ich kann mich nicht entsinnen, daß die Endlösung in der diesem Ausdruck beigelegten Bedeutung diskutiert worden wäre“, behauptete einer von ihnen, während ein anderer Teilnehmer freimütiger zugab: „Sie (die Endlösung) war so schrecklich, daß niemand offen darüber sprach.“

Dieser ersten Konferenz im Januar folgten im März und Oktober 1942 weitere Besprechungen auf niedrigerer Ebene, bei denen Eichmann den Vorsitz führte. Im Oktober unterstand er Himmler unmittelbar, denn Heydrich war jetzt tot. Bei diesen Besprechungen schilderte Eichmann begeistert die von SS-Ärzten angestellten Versuche zur Massensterilisation. Wenig später sollten die Juden unter Eichmann zu leiden haben, als er mit der Organisation der Massentransporte in die Arbeits- und Vernichtungslager beauftragt wurde.

Im Jahre 1941 konzentrierte die SS sich im großen und ganzen auf drei Haupttätigkeitsbereiche, über die die Öffentlichkeit unterdessen kaum mehr informiert war. Dabei handelte es sich um die Wahrnehmung von Sicherheitsaufgaben durch SD und Gestapo in Deutschland und im besetzten Europa, die Ausbeutung der Zwangsarbeiter und die durch den Ausbau von Vernichtungslagern allmählich beschleunigte Ausrottung des europäischen Judentums.

Historisch am bedeutsamsten waren Bau und Betrieb der während des Krieges existierenden Arbeits- und Vernichtungslager, wobei die Übergänge fließend waren, weil die Arbeitssklaven größtenteils als entbehrlich galten und sich rasch zu Tode arbeiteten. Sobald die Juden, die unerwünschten Slawen, die Zigeuner und die russischen Kriegsgefangenen in den so hastig für sie errichteten Lagern verschwunden waren, ließ sich ihr weiteres Schicksal besser geheimhalten.

Die SS hatte die Aufgabe, mit allen ihr zur Verfügung stehenden Mitteln dafür zu sorgen, daß die Häftlingstransporte aus ganz Europa unter strikter Geheimhaltung vor sich gingen. Die Unglücklichen wurden, in Viehwaggons und geschlossenen Güterwagen zusammengepfercht, transportiert. Da SS und Gestapo sich auf Sicherheitsmaßnahmen verstanden und weil schon ihr Ruf Angst und Schrecken verbreitete, gelang es ihnen, die Transporte hinter einer Mauer des Schweigens ablaufen zu lassen, obwohl Millionen von Juden mit der Eisenbahn nach Auschwitz-Birkenau, Treblinka und in andere Vernichtungslager transportiert wurden.

Wie wir gesehen haben, befaßte sich das SS-Wirtschafts- und Verwaltungshauptamt mit der wirtschaftlichen Ausbeutung dieser Arbeitssklaven, deren systematischer Einsatz eine weitverzweigte Organisation erforderte. Zumindest die Verwendung von Zwangsarbeitern wurde zu einer allgemein akzeptierten Tatsache; beispielsweise waren deportierte polnische Landarbeiter in ganz Deutschland anzutreffen, wo sie deutsche Arbeitskräfte ersetzten und zuverlässig arbeiteten, ohne unter viel mehr Aufsicht zu stehen, als ein gutmütiger deutscher Bauer für angebracht hielt. Diese Männer hatten Glück, denn sie wurden oft gut behandelt – bis auf die Tatsache, daß sie keinen Lohn erhielten.

Weniger glückliche Häftlinge arbeiteten in Bautrupps beim Straßen- und Festungsbau und wurden oft im Westen eingesetzt – in Frankreich und sogar auf den englischen Kanalinseln. Soweit die SS unmittelbar an dieser Ausbeutung, die der gesamten deutschen Kriegswirtschaft zugute kam, beteiligt war, wurde Oswald Pohl, der frühere Marinezahlmeister, in Himmlers Auftrag tätig. Pohls SS-Wirtschafts- und Verwaltungshauptamt beschäftigte etwa 1500 Mitarbeiter – so umfangreich waren die ihm anvertrauten Aufgaben geworden. Pohl erkannte bald, daß sein Auftrag in direktem Gegensatz zu den Vernichtungsaktionen stand, und trug mit dazu bei, daß das System der Konzentrationslager bald ebenso sehr der Ausbeutung von Arbeitssklaven wie der direkten, sofortigen Vernichtung von Unerwünschten diente.

Himmler war über die Gewinne begeistert, die sich durch den Verleih von Zwangsarbeitern erzielen ließen. Firmen, vor allem Rüstungsbetriebe, wurden aufgefordert, sich an das SS-Wirtschafts- und Verwaltungshauptamt zu wenden, wenn sie ungelernte Arbeitskräfte brauchten. Jeder Beschäftigte kostete je nach seinen Fähigkeiten vier bis acht Mark pro Tag; die Unterhaltskosten der Häftlinge wurden offiziell auf nur 30 Pfennig pro Tag geschätzt, da sie in wertlose Lumpen gekleidet waren und nur ein Minimum an Verpflegung erhielten. Wenn sie bei der Arbeit starben, spielte das keine Rolle. Neue Häftlingstransporte trafen ständig ein und brachten unverbrauchte, frische Arbeitskräfte. In der Firmengeschichte so großer Konzerne wie Siemens, I.G. Farben und Krupp wird es ewig ein Schandfleck bleiben, daß sie solche Zwangsarbeiter bereitwillig beschäftigt und sogar Zweigwerke in der Nähe von Konzentrationslagern errichtet haben, um solche Arbeitskräfte einsetzen zu können. Himmler hatte sogar die Absicht, SS-eigene Fabriken zu bauen.

Die Aussage eines Zeugen bei den Nürnberger Kriegsverbrecherprozessen zeigt, wie die Häftlinge behandelt wurden: „Die Lagerinsassinnen waren hauptsächlich jüdische Frauen und Mädchen aus Ungarn und Rumänien . . ., die Anfang 1944 nach Essen gebracht und bei Krupp beschäftigt wurden. Unterbringung und Ernährung der weiblichen Häftlinge waren sehr schlecht . . . Die tägliche Arbeitszeit betrug zehn bis zwölf Stunden. Obwohl die Frauen völlig unterernährt waren, mußten sie körperlich schwer arbeiten. Die weiblichen Häftlinge wurden an ihrem Arbeitsplatz oft von Nazi-Vorarbeitern und SS-Aufseherinnen mißhandelt. Um fünf oder sechs Uhr abends marschierten sie ins Lager zurück. Bewacht wurden sie dabei von SS-Aufseherinnen, die die Frauen trotz Protesten aus der Bevölkerung auf dem Rückmarsch mißhandelten, traten, schlugen und mit wüsten Ausdrücken beschimpften . . . Um sechs oder sieben Uhr abends trafen diese erschöpften Menschen wieder im Lager ein. Dann wurde das eigentliche Mittagessen ausgegeben, das aus Kohlsuppe bestand. Danach folgte das Abendessen: eine wäßrige Suppe und ein Stück Brot, das für den nächsten Tag bestimmt war. Sonntags war das Essen gelegentlich besser. Solange das Lager bestand, wurde es niemals von Angehörigen der Firma Krupp besichtigt."

Himmler war entschlossen, die Wirtschaftsmacht der SS auszubauen, um für die große Zukunft gerüstet zu sein, die nach dem Endsieg vor ihr liegen würde. Obwohl er während des Krieges nur selten Konzentrationslager besichtigte, kam er am 1. März 1941 nach Auschwitz, wo er sich in erster Linie für den industriellen Ausbau des Lagers, nicht für die Vernichtungsaktionen interessierte. Bei diesem Besuch ging es Himmler darum, die Möglichkeiten für den Einsatz von Häftlingen für Bau und Betrieb eines Buna-Werks der I.G. Farben-Industrie zu erkunden. Am 17. Juli 1942 besuchte er Auschwitz zum zweitenmal und „sah sich den gesamten Vorgang der Vernichtung eines gerade eingetroffenen Judentransportes an", wie Höß später berichtete. „Auch bei der Aussonderung der Arbeitsfähigen sah er eine Weile zu, ohne etwas zu beanstanden. Zu dem Vernichtungsvorgang äußerte er sich in keiner Weise, er sah nur ganz stumm zu. Dabei beobachtete er mehrere Male unauffällig die bei dem Vorgang beteiligten Führer und Unterführer und mich."

Ansonsten beschränkte sich Himmlers persönliche Beteiligung an den von ihm mitbefohlenen Massenmorden auf gelegentliche verbale Kraftakte in Reden vor hohen SS-Führern oder NS-Bonzen. Dort konnte er mit kalter Brutalität sprechen, und seine Ausführungen sind – wie Himmlers schon früher zitierten Äußerungen zum gleichen Thema – Teil der nationalsozialistischen Geschichte. So sagte Himmler am 4. Oktober 1943 in Posen auf einer Tagung von SS-Gruppenführern:

„Gegenüber Angehörigen unseres eigenen Blutes müssen wir ehrlich, anständig, loyal und kameradschaftlich sein, aber zu keinem anderen.

Wie es den Russen geht, wie es den Tschechen geht, ist mir total gleichgültig. Das, was in diesen Völkern an gutem Blut unserer Art vorhanden ist, werden wir uns holen, indem wir ihnen, wenn notwendig, ihre Kinder rauben und sie bei uns großziehen. Ob die anderen Völker im Wohlstand leben oder ob sie verrekken vor Hunger, das interessiert mich nur soweit, als wir sie als Sklaven für unsere Kultur brauchen, anders interessiert mich das nicht. Ob beim Bau eines Panzergrabens 10000 russische Weiber an Entkräftung umfallen, interessiert mich nur insoweit, als der Panzergraben für Deutschland fertig wird ...

Es ist ein Verbrechen gegen unser eigenes Blut, uns um sie Sorgen zu machen und ihnen Ideale zu bringen, damit unsere Söhne und Enkel es noch schwerer haben mit ihnen. Wenn mir einer kommt und sagt: ‚Ich kann mit den Kindern oder den Frauen den Panzergraben nicht bauen. Das ist unmenschlich, denn dann sterben die daran‘, dann muß ich sagen: ‚Du bist ein Mörder an deinem eigenen Blut, denn wenn der Panzergraben nicht gebaut wird, dann sterben deutsche Soldaten, und das sind Söhne deutscher Mütter. Das ist unser Blut.'

Das ist das, was ich dieser SS einimpfen möchte und, wie ich glaube, eingeimpft habe als eines der heiligsten Gesetze der Zukunft ... Ich wünsche, daß die SS mit dieser Einstellung dem Problem aller fremden, nichtgermanischen Völker gegenübertritt, vor allem den Russen."

Wie Felix Kersten, Himmlers Physiotherapeut, in seinen Erinnerungen bestätigt hat, war Himmler wegen der ihm übertragenen Aufgaben innerlich zutiefst beunruhigt. Die nervösen Magenkrämpfe, unter denen er in seiner Jugend gelitten hatte, wurden jetzt chronisch. Nur Kerstens „heilende Hände" konnten ihn davon befreien, so daß der finnische Medizinalrat in den mittleren Kriegsjahren, in denen er buchstäblich der Gefangene seines Patienten war, zu Himmlers Beichtvater wurde. Wie Kersten berichtete, äußerte Himmler ihm gegenüber einmal, es sei der Fluch der Großen, über Leichen gehen zu müssen, um neues Leben zu erschaffen.

Himmler klammerte sich an den überlieferten Traum von einem pangermanischen Imperialismus mit einem vom Deutschen Reich beherrschten Europa und einem weltweiten Kolonialsystem nach dem Vorbild des britischen Weltreichs. Offenbar war in seinen Plänen auch Platz für Gott, denn Himmler erläuterte Kersten seine Auffassung, daß hinter der Natur „irgendein höheres Wesen" stehen müsse. Deshalb bestehe er darauf, daß die SS-Angehörigen an Gott glaubten.

Auschwitz: Sklavenarbeit und Vernichtung

Himmlers Imperium bestand aus der SS und dem System der Konzentrationslager, das reiche Erträge nicht nur aus der Vermietung von Arbeitskräften, sondern auch durch Diebstähle am Besitz der eingelieferten Häftlinge abwarf. In den mittleren Kriegsjahren hatte die Zahl der Konzentrationslager erheblich zugenommen, so daß vor allem Deutschland und Polen mit einem Netz aus Stamm-, Neben- und Arbeitslagern überzogen waren. Rechnete man die kleinsten Außenkommandos mit, gab es allein in Polen über 400 Lager, darunter etwa 18 Durchgangslager für Polen, die als Zwangsarbeiter nach Westen geschickt werden sollten, und Lager für Häftlinge, die nur für kurze Zeit eingewiesen worden waren.

Das Herzstück des polnischen Lagersystems waren die sieben Todeslager: Auschwitz-Birkenau, Maidanek, Stutthof, Kulmhof, Belzec, Sobibor und Treblinka.

Keines der anderen Lager sollte jedoch die grausige Vernichtungskapazität von Auschwitz-Birkenau erreichen, das ohnehin als größtes Arbeits- und Vernichtungslager vorgesehen war. Trotzdem wurden in den übrigen Lagern insgesamt etwa zwei Millionen

Menschen vernichtet. Allein in Treblinka, das in der Nähe von Warschau eine Fläche von 13 Hektar bedeckte, fanden etwa 750000 Menschen den Tod, bevor das Lager geschlossen wurde, nachdem es im August 1943 zu einem erfolgreichen Häftlingsausbruch gekommen war, bei dem über ein Dutzend SS-Wachsoldaten umgebracht worden waren.

Als Höß im Jahre 1941 dienstlich in Treblinka war, um die dortigen Methoden zu studieren, erschien ihm der Vernichtungsvorgang zu langwierig: „Es waren dort mehrere Kammern, einige hundert Personen fassend, unmittelbar am Bahngleis erbaut ... In einem daneben erbauten Motorenraum befanden sich verschiedene Motoren größerer Lastwagen und Panzer, die angeworfen wurden. Durch Rohrleitungen wurden die Abgase der Motoren in die Kammern geführt und die darin Befindlichen getötet. Es dauerte über eine halbe Stunde, bis es in den Kammern still wurde."

Diese Methode war offenbar nicht für Vernichtungsaktionen größten Ausmaßes geeignet. Schon wenig später sollte Auschwitz konkurrenzlos als SS-Todeszentrale etabliert sein.

Nur Eichmann und Ohlendorf haben vor Gericht ebenso freimütig und detailliert ausgesagt wie der Kommandant von Auschwitz. Die amerikanischen Gefängnispsychologen stellten fest, daß Höß seine Untaten völlig leidenschaftslos und sachlich sah. Hätte er nicht so unbeteiligt, so völlig ohne emotionale Anteilnahme an dem Gesagten gewirkt, hätte man glauben können, er sei noch immer stolz auf seine Tüchtigkeit. Bei seinen Aussagen herrschte im Nürnberger Gerichtssaal entsetztes Schweigen, während alle Zuhörer die Bedeutung der Angaben über die Vernichtungslager, die so lange geheimgehalten oder zumindest für unmöglich gehalten worden waren, zu erfassen versuchten. Einige von Höß' Aussagen waren bei früheren Vernehmungen protokolliert worden und wurden jetzt verlesen, während der Zeuge zuhörte und ihre Richtigkeit bestätigte. Colonel Amen, der amerikanische Ankläger, verlas die Aussage des Zeugen Höß.

Amen: „‚Als ich das Vernichtungsgebäude in Auschwitz errichtete, gebrauchte ich also Zyklon B, eine kristallisierte Blausäure, die wir in die Todeskammer durch eine kleine Öffnung einwarfen. Es dauerte drei bis fünfzehn Minuten, je nach den klimatischen Verhältnissen, um die Menschen in der Todeskammer zu töten.

Wir wußten, wann die Menschen tot waren, weil ihr Kreischen aufhörte. Wir warteten gewöhnlich eine halbe Stunde, bevor wir die Türen öffneten und die Leichen entfernten. Nachdem die Leichen fortgebracht waren, nahmen unsere Sonderkommandos ihnen die Ringe ab und zogen den Leichen die Goldzähne heraus.'

Ist das wahr und richtig, Zeuge?"

Höß: „Ja."

Amen: „‚Eine andere Verbesserung gegenüber Treblinka war, daß wir Gaskammern bauten, die 2000 Menschen auf einmal fassen konnten, während die zehn Gaskammern in Treblinka nur je 200 Menschen faßten. Wir wählten unsere Opfer folgendermaßen aus: In Auschwitz waren zwei SS-Ärzte tätig, um die einlaufenden Gefangenentransporte zu untersuchen. Die Häftlinge mußten an einem der Ärzte vorbeigehen, der bei ihrem Vorbeimarsch durch Zeichen die Entscheidung fällte. Diejenigen, die zur Arbeit taugten, wurden ins Lager geschickt. Andere wurden sofort in die Vernichtungsanlagen geschickt. Kinder im zarten Alter wurden unterschiedslos vernichtet, da sie auf Grund ihrer Jugend unfähig waren zu arbeiten.

Noch eine andere Verbesserung, die wir gegenüber Treblinka machten, war diejenige, daß in Treblinka die Opfer fast immer wußten, daß sie vernichtet werden sollten, während wir uns in Auschwitz bemühten, die Opfer zum Narren zu halten, indem sie glaubten, daß sie ein Entlausungsverfahren durchzumachen hätten. Natürlich erkannten sie auch häufig unsere wahren Absichten, und wir hatten deswegen manchmal Aufruhr und Schwierigkeiten. Sehr häufig wollten Frauen ihre Kinder unter den Kleidern verbergen, aber wenn wir sie fanden, wurden die Kinder natürlich zur Vernichtung hineingeschickt.

Wir sollten diese Vernichtungen im geheimen durchführen, aber der faule und Übelkeit erregende Gestank, der von der ununterbrochenen Leichenverbrennung ausging, durchdrang die ganze Gegend, und alle Leute, die in den umliegenden Gemeinden wohnten, wußten, daß in Auschwitz Vernichtungen im Gange waren.‘

Ist das alles wahr und richtig, Zeuge?“

Höß: „Ja.“

In seinen in polnischer Haft niedergeschriebenen autobiographischen Aufzeichnungen behauptete Höß, in seinem Bestreben, seine Pflicht zu tun und den Vernichtungsmechanismus immer weiter zu vervollkommnen, habe er sich verwandelt: „Durch (die) allgemeine Unzuverlässigkeit um mich herum wurde ich in Auschwitz ein anderer ... Ich zog mich immer mehr in mich selbst zurück. Ich spann mich ein, wurde unnahbar, verhärtete zusehends ... Selbst Außenstehende bedauerten mein Verhalten sehr ... Gewaltsam riß ich mich dann zusammen, versuchte, im Alkohol diese hereingebrochene Mißstimmung zu beseitigen, wurde dadurch wieder gesprächig, lustig, ja sogar ausgelassen. Wie überhaupt Alkohol mich bald in eine frohe, es mit aller Welt gutmeinende Stimmung versetzte ... Ich habe mich aber ... nie betrunken, mich gar zu alkoholischen Exzessen hinreißen lassen. Wenn ich genug hatte, verschwand ich stillheimlich. Eine Vernachlässigung des Dienstes durch ausgedehnten Alkoholgenuß gab es grundsätzlich nicht."

Als Zeuge in Nürnberg behielt Höß seine tatsächliche oder nur scheinbare völlige Gleichgültigkeit gegenüber der moralischen Bedeutung seiner Aussagen bei und war stets bereit, Fragen nach Einzelheiten seiner grausigen Arbeit zu beantworten.

Ankläger: „Und dann kamen die Eisenbahntransporte an. In welchem Zeitraum kamen diese Transporte an, und aus etwa wie vielen Menschen bestand ein Transport?"

Höß: „In dem gesamten Zeitraum bis 1944 wurden

in verschiedenen Ländern in unregelmäßigen Abständen bestimmte Aktionen durchgeführt, so daß man nicht von einem ständigen Strom eintreffender Transporte sprechen kann. Jede Serie von Transporten dauerte vier bis sechs Wochen. In diesen vier bis sechs Wochen kamen jeden Tag zwei oder drei Züge mit jeweils etwa 2000 Personen an."

Ankläger: „Bei einer neulich durchgeführten Vernehmung haben Sie mir erklärt, etwa 60 Männer seien zum Empfang dieser Transporte eingeteilt und zu der gleichen bereits geschilderten Geheimhaltung verpflichtet gewesen. Halten Sie diese Aussage weiterhin aufrecht?"

Höß: „Ja, diese 60 Männer standen jeweils bereit, um die nicht arbeitsfähigen Häftlinge in diese provisorischen Einrichtungen und später in die anderen zu bringen. Diese aus ungefähr zehn Führern und Unterführern sowie Ärzten und Sanitätsdienstgraden bestehende Gruppe war mehrfach schriftlich und mündlich über ihre Pflicht zur strikten Geheimhaltung aller Vorgänge in den Lagern belehrt worden."

Ankläger: „Und mußten die Opfer nach Ankunft der Transporte alles abgeben, was sie besaßen? Mußten sie sich nackt ausziehen? Mußten sie ihre Wertsachen übergeben? Ist das wahr?"

Höß: „Ja."

Ankläger: „Und dann gingen sie sofort in den Tod?"

Höß: „Ja."

Ankläger: „Ich frage Sie: Haben diese Menschen Ihres Wissens geahnt, was ihnen bevorstand?"

Höß: „Die meisten von ihnen haben nichts geahnt, denn es waren Maßnahmen zu ihrer Täuschung getroffen worden, damit kein Verdacht aufkommen konnte, sie sollten in den Tod gehen. Beispielsweise trugen alle Türen und Wände Aufschriften, aus denen hervorging, daß sie entlaust werden oder duschen sollten."

Ankläger: „Sie haben mir gegenüber auch ausgesagt, die Opfer seien schon vor dem endgültigen Eintritt des Todes bewußtlos geworden?"

Höß: „Ja. Soviel ich selbst feststellen konnte oder von Ärzten gehört habe, war die Zeitspanne bis zum Eintritt der Bewußtlosigkeit oder des Todes je nach Lufttemperatur und Anzahl der Personen in den Kammern unterschiedlich. Die Bewußtlosigkeit trat nach einigen Sekunden oder Minuten ein."

Ankläger: „Haben Sie jemals Mitleid mit den Opfern gehabt, wenn Sie an Ihre eigene Familie, Ihre Kinder gedacht haben?"

Höß: „Ja."

Ankläger: „Wie haben Sie es dann fertiggebracht, diese Aktionen durchzuführen?"

Höß: „Trotz aller Zweifel, die ich hatte, war das einzige und entscheidende Argument der strikte Befehl sowie die dafür von dem Reichsführer-SS Himmler gegebene Begründung."

Höß erbaute für die SS eine Todesstadt, aus der es buchstäblich kein Entrinnen gab. Das war bei den übrigen Vernichtungslagern durchaus nicht immer der Fall. Der beste Beweis dafür war Treblinka: Trotz eines dort errichteten Scheinbahnhofs, der den ankommenden Häftlingen suggerieren sollte, sie befänden sich hier in einem Arbeitslager, konnte eine entschlossene Häftlingsrevolte selbst die bewaffnete Macht der SS ins Wanken bringen. Tatsächlich mußte Treblinka wegen des Widerstands der dortigen Häftlinge geschlossen werden. Aber Auschwitz blieb in Betrieb: ein riesiges Lager von der Größe einer Stadt, das seine Insassen zugleich ausbeuten und vernichten sollte. Die Höchstbelegung wurde in den Jahren 1943–44 erreicht, als dort ungefähr 100000 Männer und Frauen untergebracht waren, während zugleich bis zu 12000 Häftlinge pro Tag vergast und verbrannt werden konnten.

Die SS gewöhnte sich an, Auschwitz in erster Linie als Industriebetrieb zu betrachten, in dem die Menschen Abfallprodukte waren. Die Ausbeutung begann bereits im Augenblick der Ankunft im Lager. Für Außenstehende ist es nicht leicht, sich die Qualen vorzustellen, die auf den langen Transporten zu erdulden waren: Die Häftlinge waren unter Umständen mehrere Tage und Nächte in geschlossenen Güterwagen ohne Essen, Wasser oder Toiletten zusammengepfercht.

Die Transporte wurden keineswegs bevorzugt abgefertigt, sondern häufig auf Nebengleisen abgestellt, wo die Häftlinge Vorbeikommende ansprechen und Wertgegenstände gegen Wasser eintauschen konnten – falls die Entlüftungsgitter so weit waren, daß Büchsen mit Wasser hindurchpaßten. Unter Umständen starb ein Teil der Alten und Kranken unterwegs und blieb trotzdem zwischen den Lebenden stehend eingeklemmt. Wieder andere Häftlinge wurden wahnsinnig oder verfielen in ihrem Überlebensdrang auf Akte primitivster Verzweiflung. Von Glück konnten alle sagen, deren Transport verhältnismäßig kurz war.

Die Bahnstrecke Wien–Krakau führte mitten durch den Lagerkomplex, aber von den Schnellzügen aus war nur wenig zu sehen, während sie durch eine Art Kasernengelände mit größeren Gebäuden in einiger Entfernung von der Strecke rasten. Einige der teilweise hinter Bäumen verborgenen Bauten waren aus zwei bis drei Kilometer Entfernung an ihren hohen Kaminen zu erkennen, aus denen schwarze Rauchwolken quollen. Aber nur die „eingeweihten" Reisenden, die von den stattfindenden Massenmorden wußten, konnten ahnen, daß dieser Rauch aus den von der Firma I. A. Topf & Söhne in Erfurt nach Auschwitz gelieferten Verbrennungsöfen stammte.

Jeder Transport endete auf einem Nebengleis, und die Häftlinge verließen die Güterwagen über eine Rampe, die von der Hauptstrecke aus nicht einzusehen war. In einem der vielen Bücher, die Überlebende über ihre Haftzeit geschrieben haben, hat ein ehemaliger Häftling die Ankunft geschildert: „Schwere Schritte knirschten im Sand. Gebrüllte Befehle unterbrachen die Monotonie des Wartens. Die Plomben an den Güterwaggons wurden abgerissen. Die Tür glitt langsam auf, und wir hörten bereits, wie sie uns Befehle gaben."

Während die Häftlinge aus den dunklen Wagen halb stolpernd, halb fallend ins helle Tageslicht gelangten, empfanden sie zunächst nur rein körperliche

Erleichterung darüber, ihr Übelkeit erregendes Gefängnis verlassen zu dürfen. Sie wurden von SS-Führern und Wachmannschaften, die von einem aus Häftlingen bestehenden Kommando unterstützt wurden, in Empfang genommen.

Die SS-Angehörigen verhöhnten oder bedrohten ihre Opfer – je nach Lust und Laune. Manchmal spielte zum Empfang auch das Häftlingsorchester, das den Auftrag hatte, vor allem Tangos und Jazzmusik zu spielen, um die Ängste der Neuankömmlinge zu beschwichtigen. Der SS kam es lediglich darauf an, sich die Neuen sofort gefügig zu machen und dafür zu sorgen, daß die zur Vergasung Ausgesonderten glaubten, sie sollten nur zum Duschen geführt werden. Jedenfalls waren die meisten von ihnen zu ängstlich, benommen und wegen ihres schmutzigen Zustandes beschämt, um irgendwelchen Widerstand zu leisten.

Die Häftlinge kamen aus allen Berufen und Bevölkerungsschichten: Akademiker, Künstler, Geschäftsleute, Handwerker, Bauern und Taglöhner – alle aus ihrer vertrauten Umgebung gerissen, viele ihre letzten Wertsachen – Aktien und Sparbücher, Schmuck und Pelzmäntel – umklammernd, mit ihrer restlichen Habe in Reisetaschen, Bündeln oder Koffern, auf denen sie vielleicht während der quälenden Fahrt zu sitzen versucht hatten.

Mit Püffen und Schlägen durch die SS-Wachen wurden sie hastig zum Vorbeimarsch an den SS-Ärzten aufgereiht. In Auschwitz war der elegante Dr. Mengele wegen des sadistischen Vergnügens berüchtigt, das er darin fand, mit einer kurzen Bewegung seiner Reitpeitsche anzudeuten, ob ein Mann oder eine Frau als arbeitsfähig weiterleben durfte oder vergast werden sollte.

Jeder Transport wurde so rasch wie möglich abgefertigt, denn schließlich konnte der nächste bereits nach Auschwitz unterwegs sein. Bei dem hastigen Versuch der Häftlinge, die Art des Lagers, in das sie geraten waren, zu beurteilen, kam im allgemeinen nicht viel heraus. Das Doppellager Auschwitz-Birkenau war so riesig groß, daß allein der elektrisch geladene Stacheldrahtzaun um Birkenau (das eigentliche Vernichtungslager) etwa 13 Kilometer lang war. Jede der rechts und links der Bahnstrecke liegenden Lagerhälften bedeckte eine Fläche von ungefähr zehn Quadratkilometern. Auschwitz, das Industriezentrum, stand mit speziellen Anlagen in Verbindung, die von Firmen wie Siemens, Krupp und der I.G. Farben-AG errichtet worden waren. Entlang des Elektrozauns ragten in regelmäßigen Abständen Wachtürme auf; dort hielten bewaffnete SS-Posten Wache und konnten das Lagergelände nachts mit starken Suchscheinwerfern ableuchten.

Die Gaskammern und Krematorien warteten auf die als arbeitsunfähig ausgesonderten Häftlinge. Zu den Ausgesonderten gehörten Alte, Schwache, Invalide, Geistesgestörte, Schwangere und alle Frauen mit Kindern bis zu etwa 14 Jahren. Mütter mit Kindern wurden von der SS für besonders gefährlich gehalten – sie konnten mit hysterischer Kraft kämpfen, sobald sie ihre Kinder in Gefahr glaubten, und Szenen heraufbeschwören, die Massenunruhen bei den übrigen Häftlingen bewirkten. Aus diesem Grund wurden aus Männern, Frauen und Kindern bestehende Häftlingsgruppen oft mit gespielter väterlicher Freundlichkeit empfangen, um potentielle Störer und Störerinnen möglichst schnell absondern zu können. Andererseits konnten Widerspenstige stets stillschweigend abgeführt und außer Sichtweite des Transports mit einem Genickschuß erledigt werden.

Wenn Familienangehörige voneinander getrennt wurden, was normalerweise der Fall war, wurde ihnen lediglich gesagt, sie kämen nach dem Bad wieder mit ihren Angehörigen zusammen. Die arbeitsfähigen Männer und Frauen wurden von der Rampe weggeführt, mußten sich ausziehen, bekamen ihre Häftlingsnummer eintätowiert und erhielten schmutzige Häftlingskleidung. Ihre zukünftigen Unterkünfte waren unvorstellbar überfüllte Holzbaracken. Die zur Vergasung bestimmten Häftlinge wurden auf Lastwagen zu den entfernten Gaskammern gefahren.

Die Vorräume der Gaskammern waren als Auskleideräume und die Gaskammern selbst als Duschräume getarnt, wie Höß vor Gericht ausgesagt hat. Die bei den Häftlingen etwa aufkommende Besorgnis, die Räume könnten zu Schlimmerem dienen, wurde von den während des Ausziehens anwesenden SS-Wachen entkräftet. Unter Aufsicht der SS wirkten aus vertrauenswürdigen, reichlich belohnten Häftlingen bestehende Sonderkommandos in diesem Endstadium der Vernichtung mit. In jeder der vier Gaskammern und den angeschlossenen Krematorien arbeiteten Schichten von etwa 100 Mann. Die nackten Häftlinge wurden vom Auskleideraum in die Gaskammer geführt, die sie nach wie vor für einen Duschraum hielten – oder halten sollten. Manchmal wurde sogar Musik über Lautsprecher gespielt. Sobald die Kammer voll war, zogen die Häftlinge des Sonderkommandos sich unauffällig zurück, und die Tür wurde luftdicht verschraubt. Unterdessen hatten fälschlich mit dem Roten Kreuz gekennzeichnete Fahrzeuge das Zyklon B herangebracht: Die Blausäurekristalle, aus denen sich das Gas entwickelte, wurden durch Einwurfschächte von oben her in die Gaskammern geworfen.

Nach etwa 20 Minuten wurden die Giftgasschwaden von elektrischen Exhaustern abgesaugt, und die Männer des Sonderkommandos betraten die Kammer mit Gasmasken, Schutzkleidung und Wasserschläuchen. Sie mußten besonders abgestumpft sein, um den Anblick zu ertragen, der sie jedesmal erwartete – ein riesiger Berg aus Leichen, deren Körperhaltung ihren letzten, verzweifelten Kampf um Luft verriet, bei dem die noch Lebenden über die Toten und Sterbenden hinaufgeklettert waren, um die letzten gasfreien Luftreste zu atmen.

Die Häftlinge des Sonderkommandos spritzten die mit Ausscheidungen bedeckten Toten ab, zogen sie auseinander und luden sie in den Aufzug, der sie zu den Verbrennungsöfen im Erdgeschoß des Krematoriums hinaufbrachte. Dort kam es zu einer letzten Leichenschändung: Den Toten wurden die Goldzähne ausgebrochen und in Säurebäder geworfen; Frauen wurden die Haare abgeschnitten. Erst dann waren die Leichen wertlos und kamen jeweils zu dritt in einen der 15 Dreikammeröfen, mit denen die Krematorien ausgestattet waren. Jedes der vier Krematorien konnte alle 20 Minuten 45 Leichen verbrennen. In den Vernichtungslagern gab es niemals Probleme wegen der Tötung von Menschen, sondern stets nur wegen der Beseitigung ihrer Leichen. Die Beisetzung in Massengräbern, die vor dem Bau der Krematorien üblich gewesen war, erwies sich als zu unhygienisch, zumal die SS befürchten mußte, daß ihr geheimes Vernichtungswerk eines Tages doch ans Licht kommen würde. Höß war sehr erleichtert, als sich zeigte, wie gut die Krematorien arbeiteten.

Trotzdem war die SS bei der Durchführung dieser großen Vernichtungsaktionen völlig auf die Mitwirkung von Häftlingen des Sonderkommandos angewiesen. Diesem Kommando gehörten Männer an, die zynisch akzeptierten, daß es besser war, bei dieser grausigen Arbeit verhältnismäßig gut behandelt zu werden und nach Dienst „in Saus und Braus" zu leben, als in den Fabriken zu schuften und allmählich durch Unterernährung zugrunde zu gehen.

Die SS beurteilte die Lage realistisch, versorgte das Sonderkommando reichlich mit Essen und Alkohol und gestattete den Männern sogar einen geradezu luxuriösen Lebensstil. Im Durchschnitt hatten die Häftlinge des Sonderkommandos etwa vier Monate zu leben; dann wurden sie erschossen und ebenfalls verbrannt.

Innerhalb der Lagergemeinschaft aus SS-Wachpersonal und Häftlingen in Auschwitz-Birkenau bildete sich bald, wie es Menschenart ist, eine durch Privilegien gekennzeichnete komplizierte Hierarchie heraus. Ganz oben stand Höß selbst, der die eleganteste Uniform trug und sich nur selten inmitten seines Stabes in den Arbeitsbereichen des Lagers sehen ließ. Er wohnte mit seiner Familie – seiner Frau und seinen fünf Kindern – im Haus des Kommandanten am Rande des Lagers Auschwitz. Seine Frau, deren gesellschaftliches Leben sich auf den Umgang mit den Frauen anderer SS-Führer beschränkte, hatte eine Vorliebe für schöne Kleider; sie wurde von einer Prager Jüdin, einer Modeschneiderin, eingekleidet, der zwölf Näherinnen aus dem Lager zur Verfügung standen. Unter Höß standen die übrigen SS-Führer und -Unterführer, deren „Qualität“ abnahm, als die SS Offiziere und Mannschaften abgeben mußte, weil Hitlers Krieg an allen Fronten immer mehr deutsche Soldaten verschlang. Höß mußte mit „minderwertigen“ Unterführern und volksdeutschen oder ausländischen SS-Männern zurechtkommen, die den Postendienst übernahmen und kaum Deutsch konnten.

Obwohl Himmlers Mitarbeiter in der Zentralorganisation der SS und die in den Konzentrationslagern eingesetzten SS-Angehörigen theoretisch vom Wehrdienst, der 1942–43 meistens die Verwendung an der Ostfront bedeutete, befreit waren, wurde die aktive „Elite“ immer mehr an der Front eingesetzt, als Hitlers alles verschlingender Militarismus dazu führte, daß jeder wehrfähige Deutsche zwangsweise eingezogen wurde.

Himmler verblieben deshalb eine Kernmannschaft aus älteren SS-Führern und eine ständig wachsende Zahl von „Fremdvölkischen", die sich oft sehr willig als Hilfspolizei, Lagerwachen, Verwaltungspersonal und dergleichen anwerben ließ. Zuletzt wurden die Konzentrationslager weitgehend autark gemacht, indem immer mehr Häftlinge Funktionen übertragen bekamen, in denen sie von der verhältnismäßig schwachen SS-Wachmannschaft beaufsichtigt wurden, die wiederum unter Aufsicht einiger Angehöriger der alten „Elite" – des Lagerkommandanten und seines Stabes – standen.

Obwohl das gesamte KZ-System im In- und Ausland, zu dem Hunderte von Nebenlagern und an Ort und Stelle eingerichtete Arbeitskommandos in allen unter deutscher Herrschaft stehenden Gebieten gehörten, praktisch von rd. 40000 männlichen und weiblichen SS-Angehörigen geleitet wurde, befand der alte Traum von einer SS-Elitetruppe sich unterdessen in trauriger Verfassung.

Niemand konnte sich Höß in Auschwitz, Kramer in Bergen-Belsen oder Koch und seine Frau Ilse in Buchenwald als Vorbilder für eine Elite vorstellen, und die Unterführer und Mannschaften in den Lagern konnten noch weniger Anspruch darauf erheben, „mustergültige" Deutsche zu sein. Einigen von ihnen wurde erst Jahrzehnte später in Deutschland der Prozeß gemacht – alten, meist nicht sonderlich intelligenten und um so brutaleren Männern, von denen viele in den vierziger Jahren aus Polizei oder Wehrmacht hatten ausscheiden müssen, zum Teil selbst zu Kriminellen geworden waren und im Lagerdienst eine Gelegenheit sahen, sich bestechen zu lassen und Macht auszuüben.

Einige von ihnen waren echte Sadisten wie Wilhelm Bogner, der 1964 zu den Angeklagten im Auschwitz-Prozeß in Frankfurt am Main gehörte. Bogner, seit 1930 SS-Mitglied, war 1933 als Angehöriger der SS zur Hilfspolizei nach Friedrichshafen einberufen worden und hatte es 1937 bereits zum Kriminalkommissar gebracht. Die meisten waren jedoch gefühllose und rohe Trottel der Art, die sich in jedem Land zusammentreiben ließe, wenn man die Straßen, Gefängnisse und Bordelle durchkämmen würde. Die besten deutschen Männer kämpften an den Fronten oder arbeiteten als Fachkräfte in der Industrie. Die Minderwertigen gelangten in die Wachmannschaften der Konzentrationslager oder zur Gestapo.

Um ein Lager mit 50 000 bis 100 000 Arbeitssklaven aufzubauen, zu führen und unter straffer Disziplin zu halten, konnte die SS selbstverständlich nicht auf die Beschäftigung von Häftlingen in der Lagerverwaltung verzichten. Das führte augenblicklich zum Entstehen einer komplexen Häftlingshierarchie, wobei daran erinnert werden muß, daß sich unter den Häftlingen viele hochqualifizierte Männer und Frauen aus allen Bevölkerungsschichten und vielen Ländern befanden.

Durchaus nicht alle Häftlinge waren Juden. Die Konzentrationslager wurden immer kosmopolitischer, und das Überleben durch natürliche Auslese bedeutete oft, daß der Gerissenste oder Korrupteste überlebte – und die ehrlichen Männer und Frauen mit einem Höchstmaß an Selbstbeherrschung und Durchhaltevermögen. Auf diese Weise blieben die Schlimmsten und die Besten nebeneinander am Leben und erreichten gewisse Vorzugsstellungen in den Lagern. In Auschwitz zählten jeweils mehrere tausend Männer und Frauen zu dieser Häftlingselite.

Jeder Häftling trug einen farbigen Winkel, der erkennen ließ, welcher Kategorie er zugeordnet war: Das mit der Spitze nach unten auf die Häftlingskluft genähte Dreieck zeigte durch seine Farbe den Grund der Haft und durch den Anfangsbuchstaben die Nationalität des Betreffenden an. Zu den Hauptfarben gehörten grüne Winkel für Berufsverbrecher (BV) und Sicherheitsverwahrte (SV), violette Winkel für Bibelforscher (Zeugen Jehovas), rote Winkel für politische Häftlinge, rosa Winkel für Homosexuelle und schwarze Winkel für Asoziale, Arbeitsscheue und Zigeuner. Alle Juden trugen zusätzlich einen unterlegten gelben Winkel mit der Spitze nach oben, so daß aus den beiden Dreiecken ein sechszackiger Davidsstern entstand. Die Farbe des Winkels für jeden Häftling wurde von der Gestapo bestimmt. Deshalb trugen viele Häftlinge unzutreffende Winkelfarben – beispielsweise gab es politische Häftlinge, die einen schwarzen oder sogar grünen Winkel erhalten hatten.

Aus den Reihen der Kriminellen gingen die meisten Häftlingsaufseher – die sogenannten Kapos – hervor. Sie erwiesen sich oft als brutale Kameradenschinder und benützten ihre Stellung dazu, sich bei der SS einzuschmeicheln und andererseits ihre hilflosen Opfer auszubeuten. Die Kapos wurden die berüchtigtsten Helfershelfer der SS bei der Ausbeutung der Häftlinge; sie übernahmen, oft mit sichtlicher Begeisterung, die Aufgabe, für Disziplin im Lager zu sorgen und unangenehme Befehle weiterzugeben. Da ein SS-Mann normalerweise keinen Häftling ansprach, wenn es sich vermeiden ließ – kam es doch einmal dazu, mußte der Häftling in drei Schritt Entfernung mit der Mütze in der Hand strammstehen und durfte nur sprechen, wenn er dazu aufgefordert wurde –, blieb die tägliche Befehlsausgabe den Kapos überlassen.

Außer den Kapos beschäftigte die SS eine Unzahl weiterer Männer und Frauen in der Lagerverwaltung und den Haushalten der SS-Führer: Häftlinge arbeiteten als Schreiber, Dolmetscher, Verwalter, Hauspersonal, Gärtner, Köche und Krankenpfleger. Ausländer, die Deutsch sprachen, befanden sich ihren weniger sprachkundigen Landsleuten gegenüber sofort in besserer Position. Am besten wurden die jüdischen und nichtjüdischen Häftlingsärzte behandelt, auf deren berufliche Fähigkeiten die Lagerleitung ständig angewiesen war.

Wer als Häftling überleben wollte, mußte alles daransetzen, sich irgendeinen Posten zu verschaffen, auf dem er sich als unentbehrlich erweisen konnte. Jede Schwäche eines Häftlings wurde bald aufgedeckt. Falls er der Verzweiflung erlag, hatte er reichlich Gelegenheit, Selbstmord zu verüben, indem er sich erschießen oder erschlagen ließ oder in den elektrisch geladenen Zaun lief. Eine schwere Krankheit kam einem Todesurteil gleich. Falls weibliche Häftlinge schwanger wurden, mußten sie sich um eine rasche Abtreibung bemühen, denn Schwangere kamen automatisch in die Gaskammer.

Die Überlebensphilosophie der Häftlinge rechnete mit Vierteljahreszeiträumen: Wer verzweifelte, war innerhalb eines Vierteljahres erledigt; wer es verstand, sich durchzubeißen, konnte auch das zweite Vierteljahr überleben; wer schon ein Dreivierteljahr überstanden hatte, hatte gute Aussichten, ganz am Leben zu bleiben, denn er hatte sich schon als so wertvoll erwiesen, daß die SS daran interessiert war, sich diesen nützlichen Mitarbeiter zu erhalten.

Für den Häftling kam es entscheidend darauf an, niemals Vorgesetzte – SS-Männer oder Kapos – zu verärgern und irgendwelche Fähigkeiten oder Kenntnisse zu besitzen, die er zur rechten Zeit am rechten Ort einsetzen konnte, um ein Vorzugshäftling zu werden. Selbstverständlich vermied er es, für die schlimmsten Häftlingsarbeiten wie Latrinenreinigen oder Leichenschleppen eingeteilt zu werden. Die schrecklichste Arbeit im ganzen Lager, die der für die Gaskammern und Krematorien zuständigen Sonderkommandos, brachte die meisten Privilegien mit sich, aber sie bedeutete zugleich auch ein sicheres Todesurteil.

Nach Schätzungen einer Überlebenden befanden sich im Jahre 1943 etwa 32 000 weibliche Häftlinge im Frauenlager Birkenau. Unter Umständen waren bis zu 7000 dieser Frauen krank – zum Teil lagen sie sogar im Krankenblock –, aber ihre Heilung für weiteren Arbeitseinsatz wurde als aussichtsreich erachtet, solange nicht wieder neue Transporte angekündigt waren. Ungefähr 400 bis 500 von ihnen genossen irgendwelche Vorrechte, indem sie beispielsweise als Blockälteste oder sonstige Funktionshäftlinge tätig waren oder gar zu den angesehenen Häftlingsärztinnen gehörten, die den meisten Disziplinarmaßnahmen nicht mehr unterworfen waren und nicht mit zum Appell antreten mußten.

Abgesehen von solchen privilegierten Tätigkeiten, die oft verhältnismäßige Bewegungsfreiheit innerhalb des Lagers mit sich brachten, mußten die Männer und Frauen unter schwersten Bedingungen arbeiten. Zweimal am Tag fand bei jedem Wetter ein Zählappell statt – der erste nicht später als 5 Uhr im Sommer und 6 Uhr im Winter.

Die Häftlinge wurden von ihren Kapos gezählt, und die Toten wurden neben den in strammer Haltung wartenden Blocks aufgestapelt. Die Lebenden und die Toten waren Nummern, die von der SS, die gegen 7 Uhr zum Dienst kam, überprüft werden mußten. Für Ordnung sorgten Blockälteste, Kapos und SS-Männer mit Reitpeitschen und Knüppeln oder mit Faustschlägen. Nach dem Appell wurde Suppe ausgegeben, die in Suppenkesseln aus dem Küchenblock herangeschafft worden war. Die Suppenträger wurden unterwegs gelegentlich von ausgehungerten Häftlingen angefallen, die sich auf Kosten ihrer Mithäftlinge eine Extraportion zu sichern versuchten.

Danach marschierten die Häftlinge zur Arbeit – manchmal mit Musikbegleitung. Häftlingsmusiker wurden von der SS wie Häftlingsärzte verschont; ihre besonderen Fähigkeiten erhielten sie etwas länger am Leben und schadeten niemand. Aber das Kulturstreben der Nazis war damit noch nicht befriedigt. Die Häftlinge mußten singen, während sie zur Arbeit marschierten oder auf dem Appellplatz angetreten waren – bei Kälte und Regen oder in glühender Hitze, unter Umständen zur Strafe oder aus einer sadistischen Laune heraus sogar nackt. An den arbeitsfreien Sonntagnachmittagen wurden in manchen Lagern klassische Konzerte gegeben.

Auschwitz besaß nicht nur ein Lagerorchester, sondern auch eine Jazzband. Talentierte Häftlinge durften gelegentlich sogar Kabarettvorführungen einstudieren, zu deren Zuschauern dann auch zahlreiche SS-Männer gehörten. Für die Häftlinge waren diese Ablenkungen, diese Erinnerungen an Kultur und Unterhaltung in einer Welt, der sie zusehends entfremdet wurden, tröstlich und lebenserhaltend. Häftlinge, die sich als Sportler oder Künstler hervortaten, konnten meistens mit Sonderzuteilungen rechnen. Eine weitere Besonderheit der Konzentrationslager waren die hier und dort existierenden kunstgewerblichen Werkstätten, in denen Häftlinge mit entsprechenden Fähigkeiten Kunstgegenstände für hohe SS-Führer herstellten.

Häftlinge, die nicht in Verzweiflung versanken und denen es gelang, das „erfolgreichen" KZ-Häftlingen mögliche Leben im „Untergrund" zu führen, hatten verschiedene Möglichkeiten zur Freizeitgestaltung. Falls ihr Ernährungszustand entsprechend gut war, konnten sie sich sportlich betätigen – Fußball oder Boxen waren beliebte Sportarten – oder das (Ariern vorbehaltene) Lagerbordell besuchen, in dem weibliche Häftlinge arbeiteten, die sich auf diese Weise ihr Überleben und gewisse Privilegien sichern wollten. Sie erhielten kleine Geldbeträge oder Geschenke, die aus dem Besitz der täglich eintreffenden Transporthäftlinge gestohlen worden waren.

Die SS-Angehörigen waren schließlich Männer von Welt und sahen über kleine Gefälligkeiten dieser Art hinweg, weil ihre arischen Häftlingsfunktionäre dadurch bei Laune gehalten wurden. Manche der unteren SS-Dienstgrade besuchten das Bordell selbst, da dort nur „reinblütige“ Frauen beschäftigt wurden.

Streng bestraft wurde jedoch jeder Diebstahl in dem als „Kanada“ bekannten Effektenlager, in dem das sogenannte Aufräumungskommando arbeitete. Dorthin wurden alle von den Häftlingen mitgebrachten Wertgegenstände transportiert, um sortiert, verpackt und in den (inzwischen gesäuberten) Güterwagen, mit denen die Todeskandidaten herantransportiert worden waren, nach Deutschland befördert zu werden. Die Verwertung dieser Gegenstände fiel in den Geschäftsbereich des SS-WVHA.

Pohl meldete im Februar 1943, aus dem Lager seien 781 Güterwagen nach Deutschland abgegangen; 245 Waggons waren voller Kleidungsstücke gewesen, und in einem Wagen waren drei Tonnen Frauenhaar transportiert worden. Das ausgebrochene Zahngold wurde zu Goldbarren eingeschmolzen und auf einem SS-Konto bei der Reichsbank deponiert.

Auf dem schwarzen Markt innerhalb der Lager tauschten die auf der untersten Stufe stehenden Häftlinge Lumpen ein, um ihre Häftlingskleidung ausbessern oder ergänzen zu können. Auf höheren Ebenen beschafften die Häftlinge sich soviel, wie die SS gerade noch zuließ, um ihre Stellung im Lager auch äußerlich hervorzuheben. Häftlinge der höchsten Stufen – Blockälteste oder gar Lagerälteste, Männer und Frauen, die eigene Dienstboten oder ständige Gehilfen hatten – konnten, solange sie die SS nicht gegen sich aufbrachten, die normale Häftlingskluft in maßgeschneiderte, teure, „modische" Häftlingskleidung verwandeln.

Das Konzentrationslager hatte gewisse Ähnlichkeit mit einer seltsamen Parodie einer falschverstandenen englischen Internatsschule im 19. Jahrhundert, in der die Präfekten gegenüber den ihnen Unterstellten die Herren spielten und sich ihre „Protektion" durch allerlei Dienstleistungen abkaufen ließen, während sie selbst nach oben „buckelten", um sich ihr bißchen Macht zu erhalten.

Im Männerlager verwandelte sich die formlose Häftlingsmütze bei privilegierten Häftlingen in eine gutgeschnittene Schirmmütze aus besserem Stoff, und aus dem schmutzigen Häftlingskittel wurde eine elegante Tuchjacke mit „modischen" Taschen, während der Besitz eines gewaschenen und gebügelten Pullovers in einer von Schmutz starrenden Umgebung ein Beweis für höchste Privilegien war. Schaftstiefel statt der von Unterprivilegierten getragenen schlechtsitzenden Holzschuhe und maßgeschneiderte

Breeches oder Hosen mit Bügelfalten zeigten, daß der Häftling einen Häftlingsschneider oder -wäscher in seinen Diensten hatte. Das Material und die Dienstleistungen waren zu hohen Preisen auf dem schwarzen Markt im Lager erhältlich. Bei den Frauen waren Seidenstrümpfe, ein gutgeschnittener Rock, ein Rollkragenpullover und ein einfarbiges Seidenkopftuch Zeichen für Eleganz. Von Häftlingsdienern und -dienerinnen blankgeputzte Schaftstiefel waren für die männliche und weibliche Lagerprominenz geradezu selbstverständlich. Die SS nahm solche Extravaganzen jovial hin und riß gönnerhaft Witze auf Kosten der „privilegierten" Häftlinge.

Aber wer von den in „Kanada" aufgehäuften Reichtümern etwas stahl und dabei erwischt wurde, ging „über den Bock": Er erhielt bis zu 25 Stockhiebe auf einem dafür gebauten tischartigen Holzgestell. Trotzdem brachten die Wagemutigeren unter den Männern und Frauen, die das gefährliche Vorrecht genossen, in „Kanada" zu arbeiten, große Mengen Schmuggelgut ins Lager.

Abgebrühte Häftlinge lernten, die Prügelstrafen zu ertragen, wie sie lernten, nackt in Hitze oder Kälte zu stehen und zu überleben. Für die meisten war die schlimmste aller Strafen der ständige Hunger, der sie mehr demoralisierte als alles andere. Deshalb war Brot – selbst in noch so altbackenen Stücken – die Hauptwährung auf dem schwarzen Markt der Häftlinge. Daß einzelne ihre Selbstbeherrschung verloren, war am ehesten nach scheinbar trivialen Essensverlusten durch Irrtum oder Diebstahl zu beobachten.

Aus diesem Grund waren die Privilegien am wertvollsten, mit denen Sonderzuteilungen an Lebensmitteln verbunden waren. Gleich darunter folgte das Privileg körperlicher Sauberkeit. Unter Umständen lohnte es sich, täglich direkt mit SS-Führern zusammenzukommen – beispielsweise als Hausmädchen oder Schneiderin –, wenn man sich dafür regelmäßig waschen durfte. Unterernährung und Mangel an Hygiene führten ständig zu Epidemien im Lager; eine weitere Ursache war das schlechte Wasser, das für die SS abgekocht wurde – aber natürlich nicht für die Häftlinge.

In der Lagergemeinschaft Auschwitz wurden die Laster der Außenwelt deshalb übersteigert und ins Groteske verzerrt. Nur wenige Häftlinge konnten von sich behaupten, frei von jeglicher Korruption zu sein, und über allen lag dumpfe Verzweiflung. Wer sich Alkohol beschaffen konnte – SS-Angehörige wie Häftlinge –, versuchte seine Depressionen darin zu ertränken. Sexuelle Promiskuität grassierte bei den wenigen Häftlingen, die gut genug ernährt waren, um das Bedürfnis nach Geschlechtsverkehr zu haben. Krankheiten mußten wie Schwangerschaften geheimgehalten werden, weil sie ebenfalls in die Gaskammer führen konnten.

Im Laufe der Zeit entwickelte sich zwischen Wachmannschaften und Überlebenden ein *Modus vivendi,* ein pervertiertes Gemeinschaftsgefühl, eine Leben-und-leben-lassen-Einstellung gegenüber der ganzen Misere – vor allem später, als die Zeit der deutschen Siege vorbei war und die unteren SS-Dienstgrade kein Bedürfnis mehr hatten, sich als Angehörige einer Elite aufzuspielen. So entstand eine „Lagerpsychologie“, deren Folge eine merkwürdige Kumpanei war: SS-Männer rissen Witze mit ihren Favoriten und hatten zum Teil Affären mit Insassinnen des Frauenlagers. Sogar Höß hielt sich eine Zeitlang eine Geliebte, eine Wiener Jüdin.

Unterhalb der Lageratmosphäre entstand allmählich eine Widerstandsbewegung, die alle Schwächen und die Korruptionsanfälligkeit der SS ausnützte und ein Spionagenetz aufzog. Der Widerstand erfolgte meistens durch heimliche Sabotage und die Einflußnahme auf bestechliche oder sonstwie zugängliche SS-Angehörige. Das Lager hörte ausländische Nachrichtensendungen mit geheimgehaltenen Radios ab und konnte einmal sogar Informationen über Funk an die polnische Widerstandsbewegung übermitteln.

Sabotageakte durften keine Vergeltungsmaßnahmen der SS auslösen, zu denen die Lagerführung ohnehin neigte; hauptsächlich ging es darum, Häftlinge zu retten, indem Namen aus den Listen der zur Vergasung Bestimmten entfernt wurden. Fluchtversuche wurden wegen der darauf stehenden schweren Strafen nicht gefördert. Trotzdem flüchteten immer wieder Häftlinge, aber die weitaus meisten wurden gefaßt oder erschossen – oder beides, wonach ihre Leichen zur Abschreckung auf dem Appellplatz ausgestellt wurden.

Die in der Widerstandsbewegung aktiven Häftlinge waren erstaunlich gut über die Lage auf den einzelnen Kriegsschauplätzen informiert. Als Anfang

1943 die Wende zuungunsten der Deutschen eintrat und die Russen an der Ostfront zur Offensive übergingen, schöpften die Auschwitzer Häftlinge wieder etwas Hoffnung, denn schließlich lag ihr Lagerkomplex genau in der Vormarschrichtung der sowjetischen Armeen.

Rudolf Vrba, ein junger slowakischer Jude, der von 1942 bis 1944 Häftling in Auschwitz war, stellte Anfang 1944 fest, daß Vorbereitungen für die Verlängerung des Gleisanschlusses getroffen wurden, damit die Züge bis zu den Gaskammern des Lagers Birkenau fahren konnten. Vrba beschloß gemeinsam mit Fred Wetzler, einem Freund aus seiner Heimatstadt, die Flucht zu wagen, um die Außenwelt vor einer offenbar bevorstehenden Beschleunigung der Massenmorde zu warnen. Tatsächlich dienten diese Vorbereitungen der Vernichtung von Hunderttausenden von ungarischen Juden, die bis dahin unbelästigt geblieben waren. Vrba und Wetzler gelang im April 1944 die Flucht – unmittelbar vor Beginn der Vergasung ungarischer Juden in Auschwitz, die sich bis zum Sommer 1944 hinzog.

Vrbas Warnungen und die detaillierten Zahlenangaben und Informationen, die er gemeinsam mit Wetzler liefern konnte, blieben praktisch wirkungslos, obwohl ihr ausführlicher Bericht (mit Karten und Diagrammen) heimlich in die Hände des Judenrates in Budapest gelangte und später auch Churchill, Roosevelt und Papst Pius XII. vorlag. Trotzdem wurde nichts unternommen, und die ungarischen Juden wurden zur Vernichtung abtransportiert. Nicht einmal die entscheidend wichtige Bahnstrecke nach Auschwitz wurde bombardiert – von den Gaskammern und den daran angeschlossenen Krematorien ganz zu schweigen.

Im März 1944 war Eichmann mit einem Mitarbeiterstab aus SS-Deportationsfachleuten in Budapest eingetroffen. Seine Ankunft kennzeichnete den mit Billigung des ungarischen Reichsverwesers, Admiral Nikolaus von Horthy, wachsenden deutschen Einfluß, und die Vertreter der Juden, mit denen er verhandelte, waren bereit, auf Eichmanns Forderung nach einer Umsiedlung der Juden in sogenannte „Arbeitslager" im Norden einzugehen.

Im April schloß Eichmann einen Handel ab, der zumindest einem Teil der betroffenen Juden die Freiheit gab: Er sorgte dafür, daß rund 1600 prominente Juden und ihre Angehörigen für 1000 Dollar Kopfgeld pro Person in die Schweiz ausreisen durften. Die Führer der ungarischen Juden schoben Vrbas Warnungen offenbar beiseite, um diese privaten Verhandlungen nicht zu gefährden. Jedenfalls ließen sie aus irgendwelchen Gründen ohne zu protestieren zu, daß ihre Rassegenossen nach Auschwitz abtransportiert wurden, wo sie ihres Wissens der Tod erwartete. Eichmanns Todestransporte liefen Ende April/Anfang Mai 1944 an.

Die höchst ehrbaren Mitglieder der örtlichen Judenräte, die in den von den Deutschen besetzten Gebieten die Interessen der Juden vertraten, wählten im allgemeinen den Weg des geringsten Widerstandes. Die Judenräte bestanden aus Rabbinern, Professoren, Rechtsanwälten, Akademikern und weiteren Angehörigen des pazifistischen Mittelstandes. Sie bemühten sich bestenfalls, den von ihnen Vertretenen ihre schwierige Lage nach Kräften zu erleichtern, und nur wenige von ihnen hielten anfangs einen regelrechten Ausrottungsfeldzug gegen das Judentum – im Gegensatz zu den bisher üblichen Formen der Judenverfolgung – für denkbar.

Die SS-Vertreter sprachen natürlich nur von einer Umsiedlung zum Arbeitseinsatz im Osten. Schlimmstenfalls konnte man einigen der Judenräte vorwerfen, sie hätten ihre Rassegenossen betrogen oder seien allzu übereifrig bereit gewesen, auf sämtliche Forderungen der Deutschen einzugehen. Jedenfalls nahmen die Judenräte Eichmann viel Arbeit ab: Sie stellten Listen mit den Namen und Adressen aller Juden in ihren Gemeinden zusammen, legten Verzeichnisse über den Besitz der Gemeinde an und trugen alle übrigen statistischen Angaben zusammen, die von ihnen verlangt wurden.

Sie waren es auch, die am Abreisetag die Juden zusammenriefen, mit ihnen sprachen, sie beruhigten und dafür sorgten, daß es keine Unruhe, keinen Widerstand gab. Als Belohnung dafür durften sie oft noch etwas länger in Frieden in ihren Häusern isoliert leben, bis auch sie mit ihren Familien aus ihrer gewohnten Umgebung herausgerissen und in den Tod oder zu mörderischer Sklavenarbeit abtransportiert wurden.

Trotzdem rafften die Opfer sich gelegentlich zum Widerstand auf, wie es beispielsweise in Treblinka der Fall gewesen war. Der heroischste und berühmteste Aufstand fand im Warschauer Getto statt. Wie wir gesehen haben, diente dieses Getto als Reservoir für Arbeitssklaven, bis seine Einwohnerschaft im Jahre 1942 durch Transporte in Vernichtungslager – vor allem in das etwa 100 Kilometer entfernte Treblinka – innerhalb kurzer Zeit von 400 000 auf 60 000 Juden verringert wurde.

Anfang 1943 hatte Himmler entsetzt festgestellt, daß viele der im Getto verbliebenen jüdischen Arbeitskräfte von SS-Angehörigen über eine „schwarze" Arbeitsbörse an Privatfirmen vermietet wurden, anstatt in der Rüstungsindustrie eingesetzt zu werden. Er befahl die endgültige Räumung des Gettos, aber bevor sein Befehl ausgeführt werden konnte, begannen jüdische Partisanen, die geheime Waffenlager angelegt hatten, ihre Revolte gegen die SS.

Sie hielten sich 33 Tage gegen die mit Panzerunterstützung vorgehende Kampfgruppe des SS-Brigadeführers Jürgen Stroop, dem insgesamt rd. 2100 Mann unterstanden. Für die damalige Zeit bereits typisch war die Zusammensetzung von Stroops Truppe: Sie bestand nicht mehr nur aus Deutschen, sondern auch aus Polen und Litauern, zu denen zwei Ausbildungsbataillone der Waffen-SS kamen.

Stroop ließ sämtliche Juden des Warschauer Gettos erschießen oder gefangennehmen und zur Vernichtung abtransportieren; danach brannte er das Getto nieder. Himmler erhielt von ihm einen in Leder gebundenen, mit Fotos illustrierten Bericht mit dem

Titel: *„Es gibt keinen jüdischen Wohnbezirk in Warschau mehr.“* Der Warschauer Aufstand erinnerte die SS erneut daran, daß größere Massen von Juden mit diplomatischer Umsicht behandelt werden mußten, bis sie sich schließlich in geschlossenen Güterwagen auf der Fahrt nach Auschwitz befanden.

Die letzten Kriegsmonate

Das Massaker an den ungarischen Juden war die letzte in Auschwitz stattfindende große Vernichtungsaktion. Ende 1944 waren die Todeslager durch den Vormarsch der sowjetischen Truppen „bedroht". Himmler und die SS hatten inzwischen Bedenken wegen des gesamten Vernichtungsprogramms und mußten gegen wachsende Schwierigkeiten in den Lagern ankämpfen, deren Häftlingsmassen immer weniger zu nützlicher Arbeit zu verwenden und in dieser Anzahl immer schwieriger als Leichen zu beseitigen waren. Der Ausbeutung von Arbeitssklaven durch die SS waren stetig enger werdende Grenzen gesetzt.

Privat stand Himmler unter ständigem Druck des SD-Chefs Schellenberg und seines Masseurs Kersten, den Juden ihr Los zu erleichtern und sie vielleicht sogar freizulassen, während auf dienstlicher Ebene das Internationale Rote Kreuz mit der Forderung an ihn herantrat, Lagerbesuche von Beauftragten dieser Organisation und Hilfsaktionen für KZ-Häftlinge sowie den Empfang von Rotkreuzpaketen durch Häftlinge zu gestatten. Tatsächlich befand Himmler sich in einem Zustand neurotischer Unschlüssigkeit, weil er sich nicht für eine bestimmte Linie entscheiden konnte. Seine störrische Unsicherheit sollte bis in die letzten Kriegstage hinein anhalten.

Am 20. Juli 1944 war das von Mitgliedern der deutschen Widerstandsbewegung, der vor allem Heeresoffiziere angehörten, auf Hitler verübte Attentat nur knapp mißlungen. Die SS war für die ersten Ermittlungen am Tatort im Führerhauptquartier „Wolfsschanze“ bei Rastenburg, wo die Zeitbombe detoniert war, verantwortlich gewesen. Bei diesen Ermittlungen hatte sich bald gezeigt, daß es im deutschen Heer eine weitverzweigte Verschwörung mit dem Ziel gegeben hatte, Hitler durch einen Staatsstreich zu entmachten und eine neue Regierung einzusetzen, die Friedensverhandlungen mit den Alliierten hätte aufnehmen sollen.

Himmler war nicht nur dadurch zutiefst beunruhigt, sondern auch durch seine zur Gewißheit gewordene Vermutung, daß Hitler vor einem geistigen Zusammenbruch stehe. Unterdessen war zumindest ein persönlicher Wunsch Himmlers in Erfüllung gegangen: Hitler hatte ihn noch am Tage des Attentatsversuchs zum Befehlshaber des Ersatzheeres (BdE) ernannt, das in Deutschland stationiert war.

Im Winter 1944/45 erreichte Himmlers ungewöhnliche Karriere ihren tragikomischen Höhepunkt. Er war nicht nur Reichsführer-SS und Chef der deutschen Polizei, Reichsinnenminister und Befehlshaber des Ersatzheeres, sondern befehligte bald auch Frontverbände, denn im Dezember 1944 war ihm der Oberbefehl über die „Heeresgruppe Oberrhein“ übertragen worden. Außerdem übernahm er den direkten Befehl über die Waffen-SS.

Himmler machte sich daran, seine neuen Aufgaben

mit der ganzen ernsthaften, egozentrischen Beschränktheit eines Amateurs durchzuführen. Er besaß keinerlei auf dem Schlachtfeld gesammelte Erfahrung; seine militärischen Kenntnisse basierten auf seiner Fähnrichzeit vor über 25 Jahren. Nachdem Himmler in den wenigen Wochen im Westen katastrophal versagt hatte, wurde er gemeinsam mit seinem Stab aus ebenso unerfahrenen SS-Führern im Januar 1945 in den Osten entsandt, um als Oberbefehlshaber der „Heeresgruppe Weichsel" sein Glück gegen die Russen zu versuchen, die inzwischen Ostpreußen überrannt hatten und ganz Mittel- und Norddeutschland bedrohten.

Auch dort zeigte Himmler sich durch seine Aufgabe als hoffnungslos überfordert, zog sich schließlich in sein Lieblingssanatorium Hohenlychen zurück und erteilte vom Bett aus zwecklose Befehle. Im Februar 1945 gelang es Generaloberst Heinz Guderian, dem Chef des Generalstabs des Heeres, Hitler dazu zu veranlassen, Himmler von allen militärischen Aufgaben zu entbinden.

Die letzten Kriegsmonate verbrachte Himmler damit, ohne sonderlichen Nachdruck den Gedanken eines Separatfriedens mit den Westmächten zu verfolgen und einen Ausweg für sich und die SS aus dem hoffnungslosen Chaos zu suchen, in dem das gesamte Konzentrationslagersystem versunken war.

Ab September 1944 waren monatelang riesige Häftlingskolonnen aus dem Osten in grausigen und grausamen Todesmärschen nach Westen evakuiert worden. Als die Russen im Januar 1945 Auschwitz befreiten, fanden sie in den Lagergebäuden nur 3000 hilflose Invaliden vor. Die Situation in den 1945 noch existierenden rund 100 weiteren Stamm- und Außenlagern ist schwer zu beurteilen. Mitte Januar 1945 wurden in einer Übersicht folgende Zahlen genannt: 714211 Häftlinge in Konzentrationslagern im Reichsgebiet, davon 202674 Frauen; etwa ein Drittel aller Häftlinge waren Juden. Die Stärke der SS-Wachmannschaften wurde mit rund 40000 Mann angegeben. Zahlreiche Häftlinge – wahrscheinlich bis zu einer Viertelmillion Menschen – sollten bei Gewaltmärschen in diesem letzten Kriegswinter den Tod finden. Das bedeutete, daß die Vernichtung Unerwünschter auch außerhalb der Krematorien weiterging.

In den letzten Wochen des Krieges, das heißt im März und April 1945, gelangte Himmler allmählich zu der Einsicht, daß es notwendig sei, eine Anzahl jüdischer Häftlinge unter Obhut des Roten Kreuzes in die neutrale Schweiz und nach Skandinavien zu evakuieren. Andererseits wurden Konzentrationslager wie Bergen-Belsen, dessen Aufnahmekapazität von etwa 8000 Häftlingen hoffnungslos überschritten war, zu einem natürlichen Todeslager, in dem niemand vom Lagerkommandanten, SS-Hauptsturmführer Josef Kramer, abwärts viel mehr tun konnte, als zuzusehen, wie die Häftlinge dahinstarben.

Am 10. April 1945 übergab Himmler das Konzentrationslager schließlich den Engländern. Der erste britische Ermittler, Hauptmann Derrick Sington, traf fünf Tage später im Lager ein und bekam mit der „Bestie von Belsen“ den ersten erfahrenen KZ-Kommandanten zu Gesicht, der von einem englischen Offizier vernommen wurde.

Im April 1945 lernten englische und amerikanische Truppen einen kleinen Teil der von der SS betriebenen Ausrottungspolitik aus eigener Anschauung kennen. Erbeutete SS- und Gestapoakten sollten bald auch die nicht auf den ersten Blick sichtbaren Verbrechen ans Tageslicht bringen.

Kriegsfolgen: die verschleppten Völker

Im Zweiten Weltkrieg, in dem schätzungsweise insgesamt 55 Millionen Männer, Frauen und Kinder umgekommen sind, scheint die SS nicht weniger als ein Fünftel dieser Opfer auf dem Gewissen zu haben.

Nicht alle Menschenverluste während der Kriegsjahre lassen sich genau berechnen. Am höchsten waren die Verluste in Osteuropa: Die Russen schätzten die Verluste ihrer Streitkräfte auf 13 Millionen Mann, von denen etwa 3,5 Millionen in deutscher Gefangenschaft starben – viele davon in Vernichtungslagern –, während rund sieben Millionen Zivilisten „durch Besetzung und Verschleppung" umkamen, wie Stalin es einmal ausdrückte. Die Deutschen machten insgesamt 5,6 Mill. sowjetische Kriegsgefangene, etwa zwei Drittel davon in den ersten sieben Monaten nach ihrem Überfall auf Rußland. Polen hatte rund sechs Millionen Tote zu beklagen, davon deutlich über fünf Millionen als Folge deutscher Maßnahmen nach dem Sieg in Polen. Über 300 000 Tschechen wurden in Konzentrationslager eingeliefert; lediglich etwa 75 000 überlebten. Insgesamt verlor die Tschechoslowakei ungefähr 360 000 Menschen durch Hinrichtungen und den Tod in Konzentrationslagern.

Auf der anderen Seite verlor Deutschland etwa drei Millionen Wehrmachtsangehörige und eine gleichhohe Anzahl von Zivilisten – ungefähr die Hälfte davon, was nicht vergessen werden darf, als Opfer der nach Kriegsende einsetzenden zwangsweisen Vertreibung der Deutschen aus dem Osten, die eine Art Rache für die von Himmler 1940/41 vorgenommene zwangsweise Besiedlung dieser Gebiete – oder zumindest eines Teils dieser Gebiete – war.

Ein verhältnismäßig geringer Prozentsatz der SS – hauptsächlich die 3000 Mann in den Einsatzgruppen, die rund 40000 Männer und Frauen, die in irgendeiner Form für Organisation und Leitung der Konzentrationslager verantwortlich waren, und die Mörder von SD und Gestapo im In- und Ausland – war ständig mit der Verfolgung und Ausrottung „unerwünschter" Völker und all derjenigen befaßt, die Hitlers Drittem Reich hätten gefährlich werden können. Innerhalb von fünf Jahren nahm Himmlers Organisation in vielen Gebieten Osteuropas gewichtigen Einfluß auf Verteilung und Zusammensetzung der Bevölkerung und vernichtete über fünf Millionen der 8,3 Millionen Juden, die in den von Deutschland nach 1939 besetzten europäischen Ländern verblieben waren.

Das Europa von der SS auferlegte Leid endete nicht mit der Vernichtung so vieler Millionen in den Todeslagern. Sobald der Krieg zu Ende war, begannen die Völkerwanderungen von Flüchtlingen und Verschleppten nach Deutschland hinein und aus Deutschland heraus; diese zwangsweise Entwurzelung von Männern, Frauen und Kindern war zu ei-

Der Tag der Befreiung, Ausdruck unbeschreiblicher Gefühle

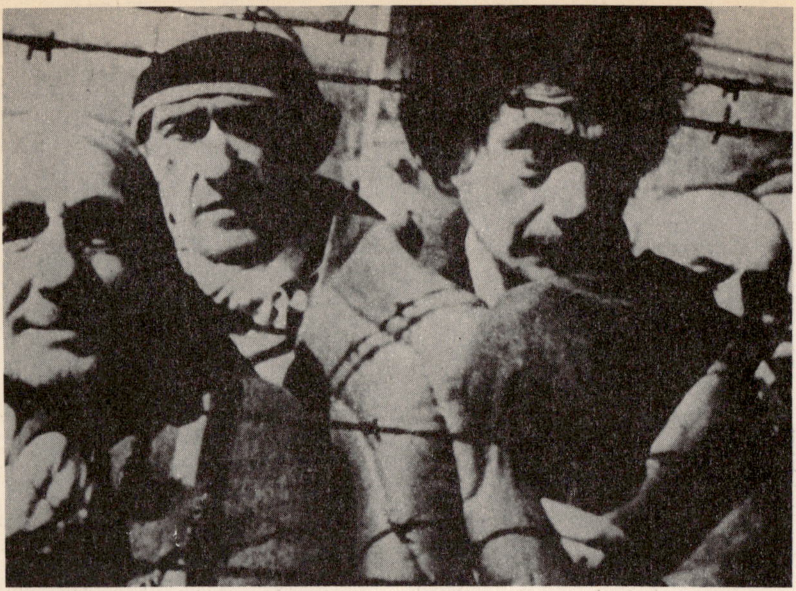

Dem Holocaust entkommen – Insassen des KZ Auschwitz nach ihrer Befreiung im Mai 1945

Erschrecken bei der deutschen Zivilbevölkerung, als sie die Sieger mit den Greueltaten in den KZs konfrontieren

Sie haben Mauthausen und Buchenwald überlebt

Am 23.5.1945 beging Himmler Selbstmord, nachdem er sich den Engländern gestellt hatte

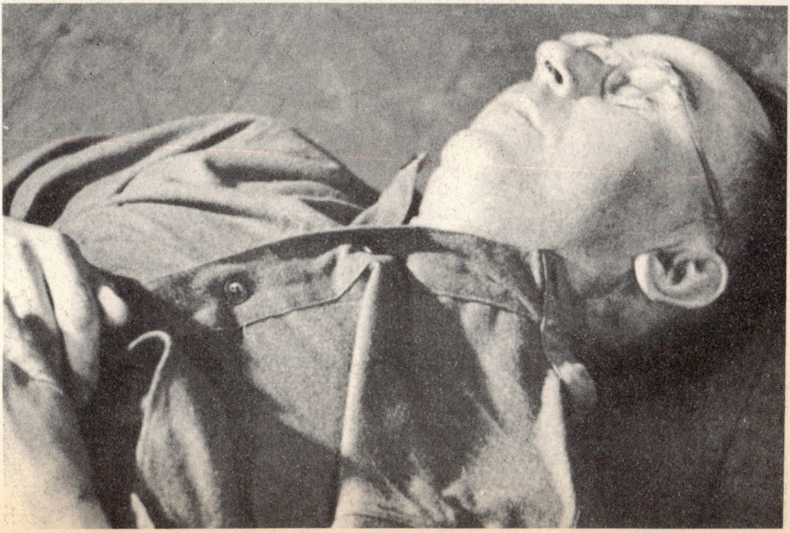

Millionen wurden in den Konzentrationslagern ermordet – jeder einzelne war ein Mensch

nem großen Teil auf den ursprünglichen „Austausch" der Bevölkerung zurückzuführen, den die SS in den ersten Kriegsjahren durch ihre Besiedlungspolitik bewirkt hatte.

Die aus dem Osten ins Reichsgebiet gebrachten Zwangsarbeiter begannen den Treck in ihre Heimat zurück, wo sie in nur zu vielen Fällen feststellen mußten, daß ihre Häuser und ihr Eigentum zerstört oder von feindseligen Fremden in Besitz genommen worden waren. Auf der anderen Seite führte die zahllose Todesopfer fordernde Vertreibung der mehr oder weniger schuldlosen deutschen Zivilbevölkerung durch die befreiten Völker Osteuropas dazu, daß sich etwa zehn Millionen Flüchtlinge zwischen Mai und Oktober 1945 in die vier deutschen Besatzungszonen ergossen – hauptsächlich aus Polen und der Tschechoslowakei. Dieser Flüchtlingsstrom wuchs später durch weitere 2,5 Millionen Aussiedler auf rund 12,5 Millionen Menschen an, von denen knapp neun Millionen in den Westzonen (der späteren Bundesrepublik Deutschland) Aufnahme fanden.

Dazu kamen noch die etwa vier Millionen Deutschen, die aus der Ostzone (der Deutschen Demokratischen Republik) in den Westen flüchteten, bevor am 13. August 1961 die Berliner Mauer errichtet wurde. Zumindest diese Völkerwanderung ließ sich nicht direkt auf Himmlers irregeleitete Rassenpolitik zurückführen wie die Flüchtlingsströme und Gegenströme von Millionen unglücklicher, unerwünschter Menschen, die 1945 in ein Deutschland kamen, das so schlecht auf ihre Aufnahme vorbereitet war – eine durch ihre Kapitulation wie gelähmte Nation ohne jegliche konstitutionelle Regierung.

Allein in der britischen Zone waren 25% aller Gebäude zerstört und weitere 50% schwer beschädigt; in einzelnen Großstädten, die das Ziel von Flächenbombardierungen gewesen waren, lagen diese Prozentsätze noch höher. Gleichzeitig lebten dort ursprünglich zwei Millionen D.P. (*Displaced Persons* = Verschleppte), vor allem ehemalige Zwangsarbeiter, die so schnell wie möglich nach Osteuropa heimkehren wollten. Dazu kamen alliierte und deutsche Kriegsgefangene, die offiziell befragt und entlassen werden mußten. Zum Glück war es Mai; der Winter war vorüber, und in den kommenden Sommermonaten konnten die Besatzungsbehörden zumindest versuchen, Ordnung in diese chaotischen Zustände zu bringen.

Obwohl die ersten Stadien dieser Rückkehr verschleppter Bevölkerungen im ersten Friedenssommer abgewickelt wurden, mußte der harte Kern derer, die buchstäblich nicht wußten, wohin sie sich wenden sollten, in Flüchtlingslagern untergebracht werden, die von den Westmächten in ihren Besatzungszonen eingerichtet wurden. Bis Oktober 1945 waren mit Hilfe der UNRRA (United Nations Relief and Rehabilitation Agency) etwa 7,5 Millionen der ursprünglich 11 Millionen Häftlinge und Zwangsarbeiter, die von der SS verschleppt worden waren, in ihre Heimat zurückgekehrt, von denen jedoch viele wieder in den Westen kamen, weil sie bei ihrer Heimkehr im Osten nur auf Feindseligkeit gestoßen waren. Sie kamen nicht zurück, weil sie in Deutschland leben wollten, sondern weil sie hofften, die Westmächte würden sich als hilfsbereiter als die kommunistischen Behörden in ihrer Heimat erweisen und sie vielleicht in die Vereinigten Staaten oder (falls sie Juden waren) nach Palästina einreisen lassen.

Im Juni 1947 mußte die britische Militärregierung bereits ein Zuzugsverbot für Flüchtlinge für ihre Zone erlassen, dem die Amerikaner sich im April 1947 anschlossen. In den Jahren 1946–47 warteten etwa 600 000 D.P. (ein Drittel davon Juden) hilflos in Flüchtlingslagern darauf, daß irgendeine Lösung für ihre Zukunft gefunden wurde. Aber niemand wollte sie, denn die Kosten für ihre Unterbringung und Ernährung (rund neun Millionen Dollar im Monat) mußten von den Besatzungsmächten – tatsächlich in erster Linie von den USA – getragen werden.

Verschiedene Organisationen wurden gegründet, um den Staatenlosen Hilfe zu leisten und ihre Auswanderung in aufnahmebereite Länder zu fördern. Alles in allem konnten etwa 2,5 Millionen Menschen auswandern oder starben in überfüllten Flüchtlingslagern an Krankheiten oder Altersschwäche. Dieses Problem existierte bis Anfang der 60er Jahre, 1959/60 wurde ein Weltflüchtlingsjahr ausgerufen, um uns alle an diese in Vergessenheit geratenen Opfer der SS zu erinnern, die niemand haben wollte und die weiterhin auf das kostbarste aller Geschenke hofften – die Einwanderungserlaubnis in ein Land ihrer Wahl. Die Hauptziele der Juden waren die Vereinigten Staaten und der neue Staat Israel, sobald England im Mai 1948 sein Mandat in Palästina aufgab.

Von den prominenteren SS-Führern befand sich nur Kaltenbrunner (Heydrichs Nachfolger als Chef des RSHA) in Haft und wartete auf seinen Prozeß, in dem er als Kriegsverbrecher angeklagt werden würde. Pohl, Ohlendorf und Kramer saßen ebenfalls hinter Gittern. Eichmann war eine Zeitlang in amerikanischer Kriegsgefangenschaft, aber er gab sich als Obergefreiter der Luftwaffe aus und blieb unentdeckt. Da er fürchtete, irgendwann erkannt zu werden, setzte er sich auf der üblichen Fluchtroute berüchtigter Nazis nach Südamerika ab.

Seine Entführung durch israelische Geheimdienstagenten im Jahre 1960 und der 1961 in Jerusalem stattfindende Eichmann-Prozeß gehörten zu den bemerkenswertesten Ereignissen der Nachkriegszeit. Höß gelang es, sich bis zum 11. März 1946 der Verhaftung zu entziehen, aber er wurde schließlich von der englischen Militärpolizei festgenommen und machte als Zeuge vor dem Internationalen Militärgerichtshof in Nürnberg bedeutsame Aussagen. Der Gestapochef Müller verschwand aus dem Berliner Führerbunker und gab durch sein Untertauchen Anlaß zu vielen Gerüchten. Himmler war es gelungen, am 23. Mai 1945 Selbstmord zu verüben, nachdem er in englische Gefangenschaft geraten war und sich zu erkennen gegeben hatte. Er liegt in einem nicht gekennzeichneten Grab bei Lüneburg bestattet.

An erster Stelle der Organisationen, die sich seit einiger Zeit darum bemüht hatten, die Leiden der KZ-Häftlinge zu lindern, stand das Internationale Rote Kreuz. In den zwanziger und dreißiger Jahren war auf internationalen Kongressen der Versuch gemacht worden, zu einer Einigung über den Schutz deportierter ziviler Flüchtlinge in Kriegszeiten – ähnlich der Übereinkunft über die Behandlung von Kriegsgefangenen – zu gelangen. Aber im Jahre 1939 gab es kein Abkommen zum Schutz der Zivilbevölkerung. Dem Roten Kreuz wurden keine Besuche in Konzentrationslagern gestattet, obwohl nichtjüdische Häftlinge ab 1943 Rotkreuzpakete erhalten durften (wie diese Pakete von den SS-Wachmannschaften und den Kapos ausgeraubt wurden, kann man sich lebhaft vorstellen). Trotzdem wurden von November 1943 bis Mai 1945 rund 750000 Rotkreuzpakete in die Lager geschickt. Gleichzeitig war damit begonnen worden, Informationen über die Identität der nichtjüdischen KZ-Häftlinge zusammenzutragen.

In den letzten Kriegsmonaten war es dem Roten Kreuz gelungen, etwas weiter in das System der Konzentrationslager einzudringen, auch wenn sich daraus keine unmittelbaren Erleichterungen für die Häftlinge ergaben. Im Januar 1945 trafen Vertreter des Roten Kreuzes in Berlin mit SS-Gruppenführer Richard Glücks, dem Inspekteur der KZ, zusammen. Obwohl diese und andere Besprechungen ergebnislos blieben, bekamen einzelne Rotkreuzvertreter bei Verhandlungen mit Lagerkommandanten einige Konzentrationslager zu sehen.

Der von Schellenberg und Kersten auf Himmler ausgeübte Druck hatte bereits dazu geführt, daß eine beschränkte Anzahl von Juden gerettet worden war, und ab Februar 1945 verhandelte Graf Folke Bernadotte vom schwedischen Roten Kreuz direkt mit Himmler und rang ihm das Zugeständnis ab, das Los der weiblichen jüdischen Häftlinge zu erleichtern und für eine beschränkte Evakuierung aus den Lagern zu sorgen. Außerdem durften Rotkreuzvertreter mit Lastwagen Lebensmittel für die Häftlinge nach Deutschland bringen, die nach der Räumung ihrer KZ von der SS zu Todesmärschen angetrieben wurden – vor allem für die Tausende, die von Oranienburg aus nach Westen marschierten. Die am Wegesrand liegenden Leichen von Männern, Frauen und Kindern bezeichneten die Route dieser schrecklichen Prozessionen unter SS-Bewachung und ließen erkennen, in welch elendem Zustand sich die KZ-Häftlinge befanden.

Das alles hatte sich nur wenige Wochen vor dem Tag abgespielt, an dem Himmler seine Konzentrationslager endlich den Alliierten übergab, so daß die Schandtaten der SS offenkundig wurden. Die Welt sah die ersten alliierten Wochenschauen und Pressefotos von Häftlingen hinter Stacheldraht, die ihre Befreier verwirrt anstarrten, als könnten sie den Gedanken, wieder frei zu sein, noch nicht recht fassen. Für viele kam die Befreiung zu spät: Sie starben zum Entsetzen alliierter Soldaten und Ärzte an Krankheiten, vor Unterernährung oder vor lauter Aufregung.

Arolsen: Der Suchdienst des Roten Kreuzes

Der erste Versuch, die gigantische und scheinbar unmögliche Aufgabe zu lösen, die Millionen gerissener Familienbande wieder zu knüpfen, die der Zweite Weltkrieg 1945 in Mitteleuropa hinterlassen hatte, wurde vom Deutschen Roten Kreuz für deutsche Staatsbürger und vom Central Tracing Bureau (1946 der UNRRA unterstellt) für Ausländer unternommen. Aus dem Central Tracing Bureau wurde später der Internationale Suchdienst des Internationalen Roten Kreuzes mit einer Zentrale in einem großen Verwaltungsgebäude in Arolsen bei Kassel. In Arolsen selbst sind etwa 240 Sprachwissenschaftler, Juristen, Archivare und ihre Mitarbeiter tätig, um Fragen individueller Identität und Familienzusammenführung zu lösen – zwei Gebiete, auf denen im Jahre 1968 noch rund 12000 Fälle pro Monat bearbeitet wurden.

Die erbeuteten einschlägigen Unterlagen von SS und Gestapo, darunter auch die Akten einiger Konzentrationslager (vor allem von Dachau und Buchenwald), wurden diesen verschiedenen Suchdiensten zugänglich gemacht. Diese Unterlagen erwiesen sich in Einzelfällen als erstaunlich detailliert. In Arolsen können Besucher die von der SS angelegten Karteikarten mit allen Angaben zur Person der jeweiligen Häftlinge einsehen. Andererseits gibt es natürlich große Lücken in diesen erbeuteten Akten, denn die SS vernichtete möglichst viel von ihren Unterlagen, als die Niederlage Deutschlands im Frühjahr 1945 besiegelt war.

Trotzdem blieben ganze Aktenberge erhalten und ermöglichten dem Deutschen Roten Kreuz, in den ersten 20 Jahren zwischen 1945 und 1965 über eine Viertelmillion Suchanträge von Eltern, die ihre Kinder suchten, zu bearbeiten. Allein etwa 300 000 deutsche Kinder waren verschollen; 127 000 von ihnen wurden wieder mit ihren Eltern zusammengeführt. Das Deutsche Rote Kreuz befaßte sich auch mit der Repatriierung verschollener Kriegsgefangener und Zivilisten: Von den rund 1,75 Millionen „Wehrmachtsverschollenen" waren Anfang 1982 noch 315 483 „offen"; bei den etwa 420 000 Zivilgefangenen blieben 153 967 ungeklärt.

Aber die dabei zu bewältigenden Schwierigkeiten waren gering im Vergleich zu den Problemen, vor denen die DRK-Mitarbeiter standen, deren Aufgabe es war, die Spuren der nichtdeutschen zivilen Opfer des Krieges zu verfolgen – der Toten, der Verschollenen, der von der SS gestohlenen Kinder, die unter anderem Namen als Adoptivkinder in Deutschland lebten.

Im Jahre 1968 bestanden die Unterlagen in Arolsen aus über 28 Millionen Karteikarten mit Querverweisen auf etwa sieben Millionen Einzelfälle. Darin dokumentierte sich das wahre Ausmaß der von der SS –

vor allem an Juden – verübten Verbrechen. Die Fachleute des Roten Kreuzes mußten geradezu kriminalistische Fähigkeiten besitzen, um die Eintragungen auf Karteikarten zu enträtseln, auf denen SS-Schreiber verschiedener Nationalitäten die Namen eingelieferter, arbeitender oder gestorbener Häftlinge in einer Vielzahl von Schreibweisen festgehalten hatten. Beispielsweise läßt sich der Name Johannes nach den in Arolsen getroffenen Feststellungen auf 160 verschiedene Arten schreiben. Der Suchdienst des Roten Kreuzes hat mit rund 45 000 Personen namens Schwarz zu tun gehabt, den es in 44 Varianten gibt. Andererseits schrieben die deutschen SS-Schreiber schwierige slawische Namen einfach phonetisch, und da viele der deutschen und ausländischen Schreiber kaum lesen und schreiben konnten, achteten sie nicht sonderlich auf die richtige Schreibweise der Häftlingsnamen, sondern änderten sie oft eigenmächtig ab.

Die in Arolsen eingehenden Suchmeldungen sind sehr verschieden. Viele beziehen sich auf die Zusammenführung von Familien, die bei der Einlieferung in Arbeitslager getrennt worden waren. Typisch war der Fall einer jüdischen Familie – Vater, Mutter und Sohn –, die nach Auschwitz transportiert worden war. Die Mutter war unmittelbar nach der Ankunft vergast worden, der Vater war zur Arbeit nach Buchenwald verlegt worden, und der Sohn war in Auschwitz geblieben. Nach dem Krieg waren Vater und Sohn unabhängig voneinander nach Israel gelangt. Der schon fast erwachsene junge Mann, der als Voll waise galt, hatte einen Einwanderungsantrag für die Vereinigten Staaten gestellt, als sein Vater ihn über Arolsen suchen ließ. Die beiden wurden schließlich zusammengeführt, kurz bevor der junge Mann nach Amerika abreisen sollte.

Noch schwieriger sind die Fälle gewesen, in denen es darum ging, überlebende Eltern mit ihren Kindern zusammenzuführen, die von der SS in Pflegeheimen untergebracht worden waren, um als Deutsche aufgezogen zu werden. Der englische Film „*The Divided Heart*" (1954) basierte auf einem besonders tragischen Fall, in dem ein zehnjähriger Junge, der seine deutschen Pflegeeltern liebte, zu seiner jugoslawischen Mutter zurückgebracht werden mußte, die von der Internationalen Flüchtlingsorganisation ausfindig gemacht worden war. Der Junge sprach natürlich kein Serbokroatisch, und seine Mutter konnte kein Deutsch. Es gab zahlreiche ähnliche Fälle, die sehr taktvoll und human gelöst werden mußten.

Das waren Fälle, die irgendwie noch positiv endeten. Vor allem in der Anfangszeit führten jedoch nur allzu viele Anfragen zu Antworten wie: „Ihr Vater, Ihre Mutter, Ihr Bruder und Ihre Schwester sind in Auschwitz, Buchenwald und Dachau gestorben" oder „sind spurlos verschwunden".

Ihre Spur hatte sich, wie von Himmler beabsichtigt, in der Nacht und dem Nebel der SS-Vernichtungsaktionen verloren.

Die SS-Prozesse nach 1945

Welche Gerechtigkeit konnte und kann noch jetzt an den Folterknechten und Henkern von SS und Gestapo geübt werden?

Dieses Vorhaben hat sich als langwieriger und schwieriger juristischer Prozeß erwiesen, denn bis 1945 hatte sich noch kein Gericht mit Verbrechen dieser Größenordnung befassen müssen. In der Vergangenheit waren Völkermorde entweder ungesühnt geblieben oder durch Krieg oder Revolution blutig gerächt worden.

Die Alliierten hatten erklärt, Kriegsverbrechen – vor allem die der SS – müßten untersucht und geahndet werden. Ein spektakulärer erster Kriegsverbrecherprozeß fand vor dem Internationalen Militärgerichtshof in Nürnberg statt und dauerte zehn Monate von November 1945 bis September 1946; die Urteilsverkündung erfolgte bis zum 1. Oktober. Angeklagt waren die prominentesten in Haft befindlichen Nazigrößen, darunter Göring, Heß, Ribbentrop und Frank. Allein Kaltenbrunner vertrat die SS-Hierarchie, aber die wahren Mörder – Ohlendorf und Höß – traten in diesem Stadium lediglich als Zeugen auf. Das Verfahren wurde jedoch als nie dagewesener Akt internationaler Justiz für ein nie dagewesenes Verbrechen organisiert – nicht nur als Prozeß gegen einzelne

Täter. Angeklagt waren auch bestimmte NS-Organisationen, darunter die SS, der SD und die Gestapo. Der Prozeß fand im vollen Scheinwerferlicht der Öffentlichkeit statt: Aus dem Nürnberger Gerichtssaal berichteten Presse, Rundfunk und Wochenschauen in Wort und Bild. Aus Kopfhörern drangen Simultanübersetzungen jeder Aussage und jedes verlesenen Beweisdokuments in Englisch, Französisch, Russisch oder Deutsch.

In den Sommermonaten des Jahres 1945 wurden Unmengen erbeuteter Dokumente, darunter auch Filme, gesichtet und übersetzt, um den Anklägern Unterlagen für die Anklageschriften zu verschaffen. Unzählige Zeugenaussagen wurden zu Protokoll genommen, während die Verteidiger Tausende von eidesstattlichen Aussagen zugunsten ihrer Mandanten und der angeklagten Organisationen zusammentrugen. Kaltenbrunner wurde als Repräsentant der SS und ihrer Verbrechen betrachtet, obwohl der Internationale Militärgerichtshof sich darüber im klaren war, daß das gesamte um Hitler herum konstruierte System den Rahmen für die von der SS in seinem Namen verübten Untaten abgegeben hatte. Auch Frank, der mit der hysterischen Zerknirschung eines gebrochenen Mannes weinte, mußte wegen seiner Tätigkeit als Generalgouverneur in Polen einen Teil der gewaltigen Schuld auf sich nehmen.

Die beiden aktivsten Hauptankläger in Nürnberg, Richter Robert H. Jackson aus den Vereinigten Staaten von Amerika und Sir Hartley Shawcross (später Lord Shawcross) aus Großbritannien, nannten die

Dinge beim Namen, als sie nach monatelangen Verhören und Kreuzverhören, die sie und ihre Mitarbeiter durchgeführt hatten, zu ihren Plädoyers kamen, die insgesamt vier Tage dauerten. Richter Jackson machte die Männer auf der Anklagebank für alles Geschehene verantwortlich:

„Kein halbes Jahrhundert hat je ein Hinschlachten in solchem Ausmaß, solche Grausamkeiten und Unmenschlichkeiten, solche Massendeportationen von Völkern in die Sklaverei, solche Ausrottungen von Minderheiten gesehen. Der Schrecken des Torquemada verblaßt gegenüber der Nazi-Inquisition. Diese Taten sind düstere historische Tatsachen, welche zukünftige Generationen an dieses Jahrzehnt erinnern werden. Wenn wir nicht in der Lage sind, die Ursachen dieser barbarischen Geschehnisse auszuschalten und ihre Wiederholung zu verhindern, dann ist es wohl keine verantwortungslose Prophezeiung, wenn man sagt, daß es diesem 20. Jahrhundert vielleicht noch gelingen wird, das Verhängnis für die Zivilisation herbeizuführen.

Durch diese Tatsachen angeregt, sind wir darangegangen, den Gifthauch aus dem Protokoll unserer Zeit wieder zu beseitigen. Die Angeklagten beschweren sich, daß unsere Schritte zu rasch sind. Als wir das Statut dieses Gerichtshofs aufzeichneten, dachten wir, einen vollendeten Fortschritt im Völkerrecht zu vollziehen. Aber sie sagen jetzt, daß wir unserer Zeit vorgegriffen hätten, daß wir einen Fortschritt vorweggenommen hätten, der zwar erreicht werden sollte, aber bisher noch nicht erreicht worden ist. Das

Abkommen von London, ob es jetzt neue Grundsätze aufstellt oder bloß alte niederlegt, bedeutet jedenfalls eine Änderung im Völkerrecht, die ungefähr der Entwicklung des örtlichen Rechtes entspricht, als die Menschen aufhörten, Verbrechen mit ‚Zetergeschrei' zu bestrafen, und begannen, Vernunft und Untersuchung bei der Bestrafung herrschen zu lassen. Die Gesellschaft der Völker hat sich über das primitive ‚Zetergeschrei', über das Gesetz des ‚Fangens und Tötens' herausgehoben. Sie versucht, Sanktionen anzuwenden, um die Befolgung des Völkerrechts zu erzwingen und seine Anwendung mit Hilfe von Beweis, Gesetz und Vernunft und nicht mit Entrüstungsgeschrei zu leiten. Die Angeklagten verurteilen das Gesetz, mit dessen Hilfe von ihnen Rechenschaft verlangt wird. Ihre Abneigung für das Gesetz, welches sie verurteilt, ist nichts Neues. Es ist schon früher bemerkt worden, daß ‚kein Dieb, der den Strick um den Hals fühlt, dabei eine gute Meinung vom Gesetz hat'.

Angesichts dieses Hintergrundes verlangen diese Angeklagten heute von diesem Gerichtshof, sie für nichtschuldig zu erklären an der Planung, Ausführung oder Verschwörung zur Begehung dieser langen Liste von Verbrechen und Unrecht. Sie stehen vor dem Material dieses Prozesses wie der blutbefleckte Gloucester an der Bahre seines erschlagenen Königs. Er bat die Witwe, wie die Angeklagten Sie bitten: Sage, daß ich sie nicht erschlagen habe!, und die Königin antwortet: Dann sage, sie seien nicht erschlagen worden! Aber sie sind tot!

„Wenn Sie von diesen Männern sagen sollten, daß sie nicht schuldig seien, so wäre es ebenso wahr zu sagen, daß es keinen Krieg gegeben habe, daß niemand erschlagen und kein Verbrechen begangen worden sei."

Sir Hartley Shawcross zitierte Goethe:

„Vor vielen Jahren sagte Goethe vom deutschen Volk, daß eines Tages sein Schicksal es ereilen würde:

‚Das Schicksal wird sie schlagen, weil sie sich selbst verrieten und nicht sein wollten, was sie sind. Daß sie den Reiz der Wahrheit nicht kennen, ist zu beklagen, daß ihnen Dunst und Rauch und berserkerisches Unmaß so teuer ist, ist widerwärtig. Daß sie sich jedem verrückten Schurken gläubig hingeben, der ihr Niedrigstes aufruft, sie in ihren Lastern bestärkt und sie lehrt, Nationalität als Isolierung und Roheit zu begreifen, ist miserabel.'

Mit welch prophetischer Stimme hat er gesprochen – denn dies hier sind die wahnwitzigen Schurken, die genau diese Dinge ausgeführt haben.

Einige mögen schuldiger sein als andere: Einige spielten eine tätigere und unmittelbarere Rolle als andere in diesen furchtbaren Verbrechen. Aber wenn es sich um Verbrechen handelt wie die, mit denen Sie hier zu tun haben – Sklaverei, Massenmord und Weltkrieg –, wenn die Folgen der Verbrechen der Tod von über 20 Millionen unserer Mitmenschen sind, die Verwüstung eines Erdteils, die Ausbreitung unsagbarer Tragödien und Leiden über eine ganze Welt, was für ein Milderungsgrund ist es, daß einige in geringerem Maß beteiligt sind, daß einige Haupttäter und einige nur Mittäter sind? Was macht es aus, ob einige ihr Leben nur tausendmal verwirkt haben, während andere millionenfach den Tod verdienen?

In einer Hinsicht bedeutet das Schicksal dieser Menschen nur wenig: Ihre persönliche Macht zum Bösen ist für immer zerbrochen; sie haben sich gegenseitig überführt und in Verruf gebracht und endgültig die Legende zerstört, die sie um die Gestalt ihres Führers geschaffen hatten. Doch von ihrem Schicksal hängen notwendigerweise immer noch erhebliche Belange ab, denn der Weg der Wahrheit und Rechtlichkeit unter den Völkern der Welt, die Hoffnung auf zukünftige internationale Zusammenarbeit in der Anwendung von Recht und Gesetz liegen in Ihrer Hand. Dieser Prozeß muß zu einem Markstein in der Geschichte der Zivilisation werden, indem er nicht nur für diese schuldigen Menschen die Vergeltung bringt und nicht nur betont, daß Recht schließlich über das Böse triumphiert, sondern auch, daß der einfache Mann auf dieser Welt – und ich mache hier keinen Unterschied zwischen Freund und Feind – nunmehr fest entschlossen ist, das Individuum höher zu stellen als den Staat."

Bei der Urteilsverkündung wechselten die Richter sich bei der Verlesung der wichtigsten Passagen des Urteils ab. Oberst Woltschkow, einem der beiden sowjetischen Richter, fiel die Verlesung des Urteils über Gestapo und SD als Teile der SS zu. Er schloß mit folgenden Worten:

„Die Gestapo und der SD wurden für Zwecke verwandt, die gemäß des Statuts verbrecherisch waren; dazu gehören die Verfolgung und Ausrottung der Juden, Grausamkeiten und Morde in Konzentrationslagern, Ausschreitungen in der Verwaltung der besetzten Gebiete, die Durchführung des Zwangsarbeiterprogramms und Mißhandlung und Ermordung von Kriegsgefangenen. Der Angeklagte Kaltenbrunner, der ein Mitglied dieser Organisation war, gehörte zu denjenigen, die sie für diese Zwecke verwandten. Bei der Gestapo schließt der Gerichtshof alle leitenden und Verwaltungsbeamten vom Amt IV des RSHA oder solche, die sich mit Gestapo-Angelegenheiten in anderen Abteilungen des RSHA befassen, sowie sämtliche örtlichen Gestapo-Beamten ein, die sowohl innerhalb als auch außerhalb Deutschlands ihren Dienst versahen, einschließlich der Angehörigen der Grenzpolizei, jedoch mit Ausnahme der Mitglieder des Grenz- und Zollschutzes oder der Geheimen Feldpolizei, von denen wiederum solche oben näher beschriebenen Mitglieder ausgeschlossen sind.

Auf Vorschlag der Anklagevertretung schließt der Gerichtshof das von der Gestapo für reine Büroarbeiten, Pförtner-, Boten- und andere nichtamtliche Aufgaben beschäftigte Personal dabei nicht ein. Was den SD anlangt, schließt der Gerichtshof die Ämter III, VI und VII des RSHA und alle anderen Mitglieder des SD ein, einschließlich aller örtlichen Vertreter und Agenten, gleichgültig, ob sie ehrenamtlich oder auf anderer Grundlage tätig waren, und gleichgültig, ob sie nominell Mitglieder der SS waren oder nicht.

Der Gerichtshof erklärt als verbrecherisch im

Sinne des Statuts die Gruppe derjenigen Mitglieder der Gestapo und des SD, welche die im vorhergehenden Absatz aufgezählten Stellungen innehatten, die Mitglieder der Organisation wurden oder blieben, obwohl sie wußten, daß diese für die Ausführung von Taten benützt wurde, die gemäß Artikel 6 des Statuts für verbrecherisch erklärt worden sind, und die als Mitglieder der Organisation persönlich an der Verübung solcher Verbrechen beteiligt waren. Die Grundlage für diese Urteilsfindung bildet die Beteiligung der Organisation an Kriegsverbrechen und Verbrechen gegen die Menschlichkeit im Zusammenhang mit dem Krieg; ausgeschlossen aus dieser als verbrecherisch erklärten Gruppe sind daher solche Personen, die vor dem 1. September 1939 die in dem vorhergehenden Absatz aufgezählten Stellungen aufgaben."

Danach zählte er alle Gestapo- und SD-Abteilungen auf, deren Angehörige als Kriegsverbrecher zu gelten hatten.

Sir Geoffrey Lawrence (später Lord Oaksey), der Vorsitzende Richter, verlas das Urteil über die SS:

„Es ist unmöglich, auch nur einen Teil der SS auszunehmen, der nicht an diesen verbrecherischen Handlungen teilnahm. Die Allgemeine SS nahm aktiv an der Verfolgung der Juden teil und wurde als Reservoir für die Rekrutierung von Mannschaften für die Konzentrationslager benutzt. Einheiten der Waffen-SS nahmen direkt an der Tötung von Kriegsgefangenen und an Greueltaten in den besetzten Gebieten teil. Sie stellte Personal für die Einsatzgruppen und hatte Befehlsgewalt über die Mannschaften der Konzentrationslager, nachdem die Totenkopf-SS, die diese ursprünglich kontrollierte, in ihr aufgegangen war. Ebenso wurden verschiedene SS-Polizeieinheiten weitgehend zu den Greueltaten in den besetzten Ländern und für die Ausrottung der dortigen Juden verwendet. Die SS-Zentralstelle überwachte die Tätigkeit dieser verschiedenen Formationen und war für solche Sonderunternehmungen, wie die Experimente an Menschen und die ‚Endlösung' der Judenfrage, verantwortlich.

Der Gerichtshof kommt zu dem Ergebnis, daß die Kenntnis dieser verbrecherischen Handlungen zur Genüge allgemein war, um die Erklärung zu rechtfertigen, daß die SS eine verbrecherische Organisation in dem weiter unten beschriebenen Ausmaße war."

Im Gegensatz zu Frank war Kaltenbrunner während des Prozesses nach außen hin ungerührt und undurchschaubar geblieben. Er hatte jegliche direkte Kenntnis von den Vorgängen in den Konzentrationslagern geleugnet. Diese Schutzbehauptung war unglaubwürdig, aber er blieb dabei. Kaltenbrunner wurde zum Tode verurteilt und in der Nacht zum 17. Oktober 1946 hingerichtet.

Die übrigen NS-Prozesse der unmittelbaren Nachkriegszeit fanden unter der Jurisdiktion der Besatzungsmächte statt. Sie wurden vor dem Hintergrund der sogenannten Entnazifizierung geführt, einer großangelegten, aber im Grunde genommen nur Zufallsergebnisse liefernden Untersuchung, die etwa ab 1947 auf deutsche Spruchkammern unter alliierter

Aufsicht überging. Allein die Engländer unterzogen etwa zwei Millionen Deutsche diesem Verfahren, das zu rund einer halben Million Verhaftungen oder Berufsverboten führte.

Um die Hauptschuldigen, die Kriegsverbrecher minderen Kalibers, abzuurteilen, führten die Siegermächte eigene Prozesse in ihren Besatzungszonen durch. Beispielsweise führten die Amerikaner zwölf Prozesse, darunter den Einsatzgruppen-Prozeß, in dem Ohlendorf der Hauptangeklagte war, den Ärzte-Prozeß und den Prozeß um das SS-Wirtschafts- und Verwaltungshauptamt, in dem Pohl der Hauptangeklagte war. In der britischen Zone gehörte das Verfahren gegen die Kommandantur des KZ Bergen-Belsen mit Kramer an der Spitze zu den wichtigsten Prozessen. Zu den zum Tode Verurteilten gehörten Ohlendorf, Kramer und Bruno Tesch, dessen Firma Höß das Zyklon B für die Gaskammern geliefert hatte.

Als die erste Empörung über die Kriegsverbrechen abklang, wurden die Strafen allmählich leichter, während die zu längeren Haftstrafen Verurteilten begnadigt und vorzeitig entlassen wurden. Die Deutschen schafften die Todesstrafe im Jahre 1949 ab und wurden es wie die Alliierten leid, neue Verfahren zu eröffnen – außer in Fällen von besonderem Sadismus und Mord. Die Vergangenheit wurde in dem von harter Arbeit und dem Wiederaufbau geprägten Alltag der Nachkriegszeit nur allzu bereitwillig vergessen. Viele der früheren Kriegsverbrecher befanden sich bald wieder auf freiem Fuß – teilweise als wohlhabende, angesehene Bürger.

In der Bundesrepublik Deutschland begann jedoch ab 1958 eine ganze Reihe selbständiger NS-Prozesse, denen zum Teil das Bestreben eines Großteils der deutschen Bevölkerung zugrunde lag, der Welt zu beweisen, daß – obwohl der Nationalsozialismus der Vergangenheit angehöre – Verbrecher, die an Vernichtungsaktionen teilgenommen hatten, nicht damit rechnen könnten, ungestraft davonzukommen.

Juden in aller Welt, vor allem in Israel, drängten darauf, daß die Massenmörder der vierziger Jahre nicht zu ehrbaren Bürgern der fünfziger Jahre werden dürften. Ein weiterer Faktor war der von Ostberlin aus geführte Heckenschützenkrieg gegen Bonn, bei dem die Bundesregierung durch überraschend vorgelegtes Belastungsmaterial gegen prominente Beamte und andere Bundesbürger in Verlegenheit gebracht werden sollte. Die in Osteuropa geführten Prozesse waren streng und summarisch, aber keineswegs erschöpfend vollständig gewesen. In der Sowjetunion, Polen, der Tschechoslowakei und Ostdeutschland wurden Zehntausende von Angeklagten verurteilt und zum Teil hingerichtet, während es im Westen etwa 5000 Verurteilungen vor alliierten Gerichten und rund 6000 vor deutschen Gerichten gab.

Als weitere Geste Israel und dem jüdischen Volk gegenüber verpflichtete sich die Bundesrepublik Deutschland, die nach Jahren harter Arbeit wieder wohlhabend geworden war, 1952 dazu, Israel drei Milliarden Mark Wiedergutmachung zu zahlen, um dem Staat die Eingliederung neuer Bürger zu erleichtern und die nachgewiesenen Entschädigungsansprüche von Juden zu begleichen – vor allem der in den dreißiger Jahren emigrierten deutschen Juden und der Überlebenden der Konzentrationslager.

Sporadische Ausbrüche von Antisemitismus und das Auftreten extremer, rechtsstehender Gruppierungen in den Jahren um 1960 schärften das Gewissen der deutschen Öffentlichkeit so weit, daß neue große Prozesse gegen noch greifbare Kriegsverbrecher geführt wurden. 1960 war auch das Jahr der aufsehenerregenden Gefangennahme Eichmanns in Argentinien durch israelische Geheimdienstagenten. Im Juni 1969 wurde die Verjährungsfrist für NS-Verbrechen um weitere zehn Jahre verlängert, um schließlich ganz aufgehoben zu werden.

Im Jahre 1958 wurde in Ludwigsburg bei Stuttgart die Zentralstelle der Landesjustizverwaltungen errichtet, die sich damit befaßte, Material für Prozesse gegen Massenmörder vor deutschen Gerichten zusammenzutragen.

Seit Ende der fünfziger Jahre hatten die Westmächte damit begonnen, der Bonner Regierung einen immer größeren Teil der erbeuteten deutschen Dokumente zur Verfügung zu stellen, und die mit den Vorermittlungen für diese Serie rein deutscher Kriegsverbrecherprozesse beauftragten Justizbeamten machten sich daran, Beweismaterial zusammenzutragen und die Täter aufzuspüren, soweit sie noch in Deutschland lebten oder durch Auslieferung aus anderen Staaten zurückgeholt werden konnten. Viele der schlimmsten Verbrecher befanden sich damals in Südamerika oder in Nassers Ägypten in Sicherheit.

Dr. Horst Schumann, einer der schlimmsten SS-Ärzte, arbeitete in Ghana für Kwame Nkrumah; er wurde jedoch erst nach Nkrumahs Sturz ausgeliefert.

Der spektakulärste der vielen Prozesse, die in den sechziger Jahren in der Bundesrepublik Deutschland wegen NS-Verbrechen stattfanden, war der 1965 in Frankfurt beginnende Auschwitz-Prozeß, der fast zwei Jahre dauerte. In einer amtlichen Mitteilung des Frankfurter Oberstaatsanwalts Rahn hieß es dazu: „Den Angeklagten im Auschwitz-Prozeß wird Mord bzw. Beihilfe dazu in einer Vielzahl von Fällen, begangen im Konzentrationslager Auschwitz in den Jahren 1940 bis zur Auflösung des Lagers im Jahre 1945 zur Last gelegt. Unter den Angeklagten befinden sich die Adjutanten des ursprünglich mitangeklagten letzten Lagerkommandanten, des SS-Sturmbannführers Richard Baer, verstorben am 17. Juni 1963 – und des früheren Lagerkommandanten, des SS-Obersturmbannführers Rudolf Franz Höß – durch ein polnisches Gerichtsverfahren in Auschwitz zum Tode verurteilt und hingerichtet. Ferner sind unter den Angeklagten Angehörige der politischen Abteilung (Lager-Gestapo), Ärzte, Apotheker, Schutzhaftlager-, Rapport- und Blockführer." Von den 23 Angeklagten war lediglich der frühere SS-Arzt Dr. Franz Bernhard Lucas bereit, das Gericht nach Auschwitz zu begleiten, das vom polnischen Staat als Gedenkstätte für die dort Ermordeten erhalten wird.

Die Fortführung solcher Verfahren wie der Nürnberger Kriegsverbrecher-Prozesse und des Frankfurter Auschwitz-Prozesses erschöpft unter Umständen die Geduld aller Beteiligten, aber die Offenlegung aller Beweise und die Konfrontation zwischen der Öffentlichkeit und den Verbrechern sind gesellschaftlich höchst bedeutsame Ereignisse. Im Vergleich zu dieser Bestätigung der unglaublichen Aspekte menschlicher Natur sind die gegen die Schuldigen verhängten Strafen verhältnismäßig bedeutungslos. Ohnehin kann keiner von ihnen hingerichtet werden, und viele sind zu alt oder zu krank, um lange Haftstrafen absitzen zu können.

Auf ähnliche Weise zwang der Eichmann-Prozeß im Jahre 1961 die Welt dazu, sich mit diesem unbedeutenden Mann zu befassen, der so bedeutenden Einfluß auf den Gang der Geschichte genommen hatte. Die Protokolle seiner zahlreichen Vernehmungen und der Prozeß selbst sind wichtig – nicht das Todesurteil und seine Hinrichtung. Die jüngere Generation in Deutschland und Israel hat diese Prozesse verfolgt und aus ihnen die Wahrheit darüber erfahren, wozu gewöhnliche Menschen imstande sind.

Daraus ergibt sich die Frage, die die jüngere Generation der älteren stellt: „Was habt ihr von diesen Verbrechen gewußt – und warum habt ihr sie geschehen lassen, wenn ihr davon gewußt habt?"

Obwohl Göring in Nürnberg leugnete, Kenntnis von der Vernichtungspolitik der Nationalsozialisten gehabt zu haben, erteilte er, wie wir gesehen haben, Heydrich den berüchtigten Befehl zur „Endlösung der Judenfrage". Auch Himmlers Reden in geschlossenen Gesellschaften ließen keinen Zweifel offen: Die Arbeit der SS-Einsatzgruppen war allen klar, die sie in Aktion erlebt hatten, und es gibt zahlreiche Beweise dafür, daß Offiziere und Mannschaften der Wehrmacht aus eigener Anschauung wußten, wozu die Einsatzgruppen dienten.

Sobald die Vernichtungsaktionen auf die Konzentrationslager im Osten beschränkt wurden, ließ sich die Zahl der Eingeweihten begrenzen – aber dazu gehörte nicht nur das Lagerpersonal, sondern auch alle, die in der Nähe eines Konzentrationslagers lebten oder in irgendeiner Weise mit der Deportation jüdischer Häftlinge unter solch grauenhaften Umständen zu tun hatten. Insgesamt müssen zumindest Zehntausende aus eigener Erfahrung von diesen Untaten gewußt haben, während Hunderttausende gerüchteweise davon gehört haben müssen. Das Problem war dabei, daß keiner, der nicht unmittelbar an den Morden beteiligt war, sie überhaupt für möglich hielt. Die Juden wurden in Arbeitslager abtransportiert, wo sie zum Teil zweifellos durch harte Behandlung zugrunde gingen. Aber ein regelrechter Völkermord? Das Wesen dieses Verbrechens wurde weder in menschlicher noch in technischer Hinsicht begriffen.

Auf diese Weise fiel es Freund und Feind gleichermaßen leicht, die Tatsachen als unbewiesene Gerüchte abzutun. In Kriegszeiten konzentrieren die Menschen sich in erster Linie auf ihre eigene Arbeit, ihre Entbehrungen und ihre Leiden – eine im ausgebombten Deutschland nur allzu natürliche Reaktion. Als schlimmere Einzelheiten des im Osten verübten Völkermordes durchzusickern begannen, wurden sie auch auf alliierter Seite als gänzlich unglaubwürdig zurückgewiesen. Warum sollten Menschen in Hamburg oder Berlin, London oder New York solche „Gerüchte" glauben, wenn schon die ungarischen Juden nicht glauben wollten, wozu sie im Frühjahr 1944 zu Transporten nach Auschwitz zusammengestellt wurden?

Die deutsche Öffentlichkeit wollte sich jedenfalls nicht mit solchem Wissen belasten, und aus den Tagebüchern und Aufzeichnungen von Angehörigen der deutschen Widerstandsbewegung geht eindeutig hervor, daß sie keinen Verdacht hegten, im Osten könnten Vernichtungsaktionen durchgeführt werden. In den mittleren Kriegsjahren scheint die deutsche Öffentlichkeit dem Schicksal der Juden jedenfalls ziemlich gleichgültig gegenübergestanden zu haben.

Bei einer 1961 in Deutschland veranstalteten Meinungsumfrage ergab sich jedoch, daß 32% der Deutschen in den entsprechenden Altersgruppen von der Judenvernichtung gewußt hatten, während 58% darauf beharrten, erst nach 1945 davon erfahren zu haben.

Trotzdem waren schon während des Krieges gesicherte Informationen über den in den Lagern stattfindenden Völkermord an die Außenwelt gelangt. Ein Informant war beispielsweise Kurt Gerstein, ein SS-Führer und Bekannter Pastor Martin Niemöllers, der ab 1942 Vertreter der evangelischen und der katholischen Kirche über seine Erkenntnisse als Nachschuboffizier, der das Zyklon B zu verwalten hatte, auf dem laufenden hielt.

Aber sein wichtigster schriftlicher Bericht über die

Massenmorde war von schwedischen Regierungsbeamten abgelegt worden und blieb während des Krieges buchstäblich unbekannt. Im Jahre 1942 erhielt Dr. Gerhard Riegner, der Leiter der Genfer Zweigstelle des Jüdischen Weltkongresses, von einem deutschen Geschäftsmann detaillierte Angaben über die Vernichtungsaktionen im Osten und gab sie an die amerikanischen und englischen Konsulate in Genf weiter. Aber das amerikanische Außenministerium enthielt sie Rabbi Stephen Wise, dem Präsidenten des Jüdischen Weltkongresses, vor, der diese Informationen erst von Sidney Silverman, dem Vorsitzenden des Jüdischen Kongresses in Großbritannien, erhielt. Weitere Monate vergingen, bevor die Berichte amtlich „bestätigt“ wurden.

In England verdammte Anthony Eden „diese bestialische Politik kaltblütiger Ausrottung“ im Unterhaus, während die Alliierten im Dezember 1942 in einer gemeinsamen Erklärung den Völkermord verurteilten. Und falls das noch nicht genügte, nannte beispielsweise Thomas Mann in mehreren Rundfunksendungen von New York aus genügend Einzelheiten, aus denen seine Zuhörer sich ein einigermaßen zutreffendes Bild machen konnten. Die Sendungen wurden nach England übertragen, und Mann wandte sich in ähnlichen Rundfunksendungen direkt an die Deutschen. Ende 1944 erreichten dann, wie wir gesehen haben, die von Vrba und Wetzler zusammengestellten vollständigen Beweise Churchill, Roosevelt und Papst Pius XII.

Man könnte also behaupten, die SS sei auf ihre

Weise potentiell mit ihrer Vernichtungspolitik sehr erfolgreich gewesen. Geradezu erschreckend ist der Gedanke, welche Ausmaße die sich immer mehr beschleunigende Ausrottung erreicht hätte, wenn der Zweite Weltkrieg zugunsten Deutschlands ausgegangen wäre, denn schon so wurden tagtäglich Tausende von Menschen in Auschwitz und anderen, nach dem gleichen Vorbild gebauten Todeslagern ermordet.

Der Niedergang der SS vollzog sich in direkter Abhängigkeit von der Verschlechterung der Verhältnisse in Deutschland. Die SS erhielt das schlechteste Menschenmaterial, das Hitler von den zusammenbrechenden Fronten entbehren konnte, und war auf Freiwillige aus europäischen Ländern angewiesen, die bereit waren, sich der SS zu verdingen, um sich in den Lagern durch Bestechung und Unterschlagung bereichern zu können. Die Opfer waren stets die Häftlinge, die von der deutschen Öffentlichkeit praktisch ohne Widerspruch Himmler überlassen wurden, solange diese gleichen Deutschen mit dem Brustton der Überzeugung behaupten konnten, von den in ihrem Namen durchgeführten Vernichtungsaktionen nichts zu wissen.

Alle diese Ereignisse fanden in einem Zeitraum von einem Dutzend Jahren statt, in denen die brutale Tüchtigkeit der SS und ihrer Schergen in Gestapo und SD den größten Teil Europas erfaßten. Der vollständige Plan für eine ähnliche Unterwerfung Großbritanniens wurde nach Kriegsende bekannt. An der Spitze der in England zu etablierenden deutschen Verwaltung sollte der SS-Brigadeführer Dr. Franz Alfred Six, ordentlicher Professor an der Universität Berlin, stehen. Six gehörte zu Himmlers Intellektuellen und war zugleich einer von Heydrichs zuverlässigsten Mitarbeitern.

Der für England gültige Einsatzplan wurde im Sommer 1940 unter dem Oberbegriff „Weisungen betreffs Errichtung und Arbeitsweise einer Militärregierung in England" aufgestellt. Arbeitsfähige Männer zwischen 17 und 45 Jahren wären in Massen als Zwangsarbeiter nach Deutschland abtransportiert worden; Rohstofflager und Fabriken wären geplündert worden.

Unmittelbar hinter den Invasionstruppen wären Six und seine Polizeikräfte auf die Insel gekommen. Wie in Polen wären die dortigen Intellektuellen gemeinsam mit den Juden liquidiert worden – auf den amtlichen schwarzen Listen standen beispielsweise H. G. Wells, Noel Coward, Bertrand Russell, J. B. Priestley und C. P. Snow. Die Liste mit den Namen der vorgesehenen Opfer, die von Schreibfehlern strotzt, ist erhalten geblieben. SS- und Gestapo-Leitstellen sollten in London, Bristol, Birmingham, Liverpool, Manchester und Edinburgh errichtet werden.

Es ist interessant, darüber nachzudenken, wer sich den nach England entsandten SS-Einheiten für den Wachdienst in dortigen Konzentrationslagern und Vernichtungsaktionen in irgendeinem abgelegenen Teil der Insel zur Verfügung gestellt hätte. Die am meisten Besorgnis erregende Tatsache an der SS war nämlich ihre Zusammensetzung aus ganz gewöhnlichen Männern und Frauen vieler Nationalitäten und oft unterdurchschnittlicher Intelligenz, die hier und dort von Sadisten durchsetzt waren, die Opfer suchten, von Kriminellen, die auf diese Weise aus dem Gefängnis freikamen und sich bereichern konnten, bis hin zu Intellektuellen, denen es um die Befriedigung ihrer Machtgelüste ging.

Die SS zog Menschen an, die – unabhängig von Herkunft, Abstammung oder Nationalität – auf irgendeine Art zu den Außenseitern der normalen Gesellschaft gehörten. Sie waren aus irgendwelchen psychologischen Motiven die Feinde des Volkes und die Zerstörer seiner Freiheiten. Das ist die unausweichliche Konsequenz des Polizeistaates: daß die Besten durch die Hand der Schlechtesten vernichtet werden.

Ortsregister

Namenregister

Sachregister